LIANCE DES MAISONS D'ÉDUCATION CHRÉTIENNE

PLATON

I0139980

APOLOGIE
DE SOCRATE

TROISIÈME ÉDITION

PARIS
LIBRAIRIE CH. POUSSIELGUE
RUE CASSETTE, 15

1895

PLATON

—

APOLOGIE

DE SOCRATE

PROPRIÉTÉ DE

OUVRAGES GRECS DU MÊME AUTEUR

ALLIANCE DES MAISONS D'ÉDUCATION CHRÉTIENNE

PLATON

APOLOGIE

DE SOCRATE

TEXTE GREC AVEC NOTES

PAR

A.-F. MAUNOURY

PROFESSEUR AU PETIT SÉMINAIRE DE SÉEZ (ORNE)

TROISIÈME ÉDITION

REVUE, CORRIGÉE ET AUGMENTÉE

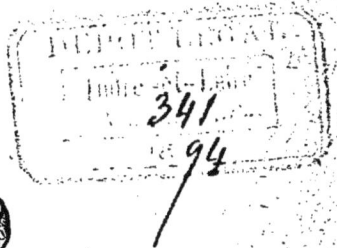

PARIS

LIBRAIRIE CH. POUSSIELGUE

RUE CASSETTE, 15

1895

PLATON

Platon naquit dans l'île d'Égine, l'an 429 avant J.-C., d'une des plus illustres familles de l'Attique. Après avoir étudié la poésie, la musique, la géométrie, il s'attacha à Socrate à l'âge de vingt ans. Il profita si bien des leçons de ce grand maître, qu'au bout de cinq ans il passait lui-même pour être un des plus éminents philosophes de la Grèce. Après la mort de Socrate, il se retira à Mégare, puis il voyagea en Cyrénaïque, en Égypte, en Sicile, et dans cette partie de l'Italie qu'on appelle la Grande-Grèce. Partout il écoutait les hommes les plus renommés pour leur science. De retour à Athènes, il fixa sa demeure dans un faubourg où se trouvait un jardin appelé Académie. C'est là qu'il ouvrit cette école célèbre où se formèrent tant d'hommes illustres dans la philosophie et l'éloquence; Aristote, Speusippe, Xénocrate, Isocrate, Démosthène, Hypéride furent les principaux. Sa réputation se répandit jusque dans les pays lointains. Denys le Jeune, tyran de Syracuse, le pressa de venir à sa cour. Platon s'y rendit et fut reçu avec des honneurs extraordinaires ; mais, voyant que ses leçons de philosophie étaient peu écoutées, il retourna dans sa patrie, où il mourut le jour de sa naissance, à l'âge de quatre-vingt-un ans, l'an 348 avant J.-C.

Nous avons de Platon trente-quatre dialogues et douze lettres. Considéré comme écrivain, il est placé au premier rang des prosateurs. La beauté de son style l'a fait nommer le Cygne de l'Académie.

SOCRATE

—

Socrate, fils d'un sculpteur nommé Sophronisque, naquit à Athènes l'an 469 avant J.-C. Il se livra d'abord à la
sculpture, comme son père. On mentionne trois de ses
statues qui représentaient les trois Grâces et qui étaient,
dit-on, fort belles. Mais Criton, charmé de son esprit,
l'engagea à se livrer à la philosophie. Il y fut initié par
les leçons d'Anaxagore, et lui-même eut bientôt un grand
nombre d'auditeurs. Il leur exposait une doctrine très
élevée sur la divinité, sur la Providence, sur la morale et
sur l'immortalité de l'âme humaine. Il n'a point écrit;
mais Xénophon et Platon nous ont transmis une grande
partie de ses idées, avec la méthode de son enseignement.
Ce grand homme conformait sa conduite à sa philosophie.
Personne ne l'égalait en patience, en désintéressement,
en générosité. Il ne voulut jamais rien recevoir de ses
disciples. A la guerre, il se distingua par son courage et
sauva la vie à deux de ses jeunes disciples, Alcibiade et
Xénophon. Mais il se fit des ennemis en confondant les
sophistes, dont il perçait à jour la fausse sagesse et montrait l'ignorance. Lorsqu'il les rencontrait, il les interro-
geait, comme pour s'instruire lui-même, et, de questions
en questions, il les faisait se contredire ou les menait à

des conséquences absurdes. Aristophane l'attaqua. Il travestit sa doctrine dans une comédie intitulée *les Nuées*. Il montrait Socrate hissé sur le théâtre dans une corbeille, au milieu des nuages, d'où il débitait à ses disciples des immoralités, des impiétés et des extravagances. Ces calomnies et ces railleries produisirent leur effet sur l'esprit du peuple. Vingt-quatre ans plus tard, Mélitus, Anytus et Lycon traduisirent cette comédie en acte d'accusation : ils citèrent Socrate devant le tribunal des Héliastes, comme coupable « de ne pas reconnaître les dieux de l'État, d'introduire de nouvelles divinités, et de corrompre la jeunesse ». Socrate, en présentant sa défense, parut moins s'occuper de se justifier que de donner des leçons de philosophie à ses juges. Deux cent quatre-vingt-une voix le déclarèrent coupable, et deux cent soixante-quinze furent pour lui. On lui laissa le choix de la peine. Il pouvait choisir l'amende ou l'exil. « Puisqu'on me laisse libre de prononcer sur ce que je mérite, dit-il, je me condamne à être nourri le reste de mes jours dans le Prytanée aux frais de la république. » Cette réponse révolta les juges. Une partie de ceux qui l'avaient acquitté se joignirent aux autres, et Socrate fut condamné à boire la ciguë, l'an 400 avant J.-C. C'était la soixante et onzième de son âge.

ΠΛΑΤΩΝΟΣ

ΑΠΟΛΟΓΙΑ ΣΩΚΡΑΤΟΥΣ

PREMIÈRE PARTIE

Le tribunal qui doit juger Socrate siège sur la place Héliée.
— Les juges sont au nombre de 556. — Un grand nombre
de citoyens, parmi lesquels on distingue les disciples de Socrate, sont présents aux débats. — Mélitus a développé l'acte
d'accusation et conclu à la peine de mort. — Anytus et Lycon
ont après Mélitus pris la parole pour l'appuyer. — Socrate
monte à la tribune pour se défendre.

CHAPITRE PREMIER

ARGUMENT. Socrate comparaît pour la première fois devant un tribunal,
à l'âge de soixante-dix ans, pour réfuter les accusations mensongères
de ses accusateurs. Il n'est point orateur. Il parlera avec simplicité,
comme il a coutume de le faire, et il se contentera de dire la vérité.

Ὅ τι μὲν ὑμεῖς, ὦ ἄνδρες Ἀθηναῖοι¹, πεπόνθατε
ὑπὸ τῶν ἐμῶν κατηγόρων, οὐκ οἶδα · ἐγὼ δ' οὖν καὶ

1. Ἀθηναῖοι. Socrate comparais-
sait devant le tribunal des Héliastes.
C'était une espèce de jury qui sié-
geait dans la place Héliée (ἡλιαία,
place exposée au soleil). Ce tribunal était le premier après l'aréo-
page. Le nombre des juges variait.
Dans le procès de Socrate il était
de 556 membres, selon quelques
historiens, et de 559, selon d'autres.
— Ὅ τι πεπόνθατε, quomodo
affecti fueritis. Je ne sais quels
sentiments vous avez éprouvés en
entendant mes accusateurs.

αὐτὸς ὑπ' αὐτῶν ὀλίγου [1] ἐμαυτοῦ ἐπελαθόμην, οὕτω
πιθανῶς ἔλεγον. Καίτοι ἀληθές γε, ὡς ἔπος εἰπεῖν,
οὐδὲν εἰρήκασι. Μάλιστα δὲ αὐτῶν ἓν ἐθαύμασα[2] τῶν
πολλῶν ὧν ἐψεύσαντο, τοῦτο ἐν ᾧ ἔλεγον ὡς χρῆν
ὑμᾶς εὐλαβεῖσθαι μὴ ὑπ' ἐμοῦ ἐξαπατηθῆτε, ὡς δεινοῦ ὄντος λέγειν. Τὸ γὰρ μὴ αἰσχυνθῆναι ὅτι αὐτίκα
ὑπ' ἐμοῦ ἐξελεγχθήσονται ἔργῳ, ἐπειδὰν μηδ' ὁπωστιοῦν[3] φαίνωμαι δεινὸς λέγειν, τοῦτό μοι ἔδοξεν αὐτῶν
ἀναισχυντότατον[4] εἶναι, εἰ μὴ ἄρα[5] δεινὸν καλοῦσιν οὗτοι λέγειν τὸν τἀληθῆ λέγοντα · εἰ μὲν γὰρ τοῦτο λέγουσιν, ὁμολογοίην ἂν ἔγωγε, οὐ κατὰ τούτους, εἶναι
ῥήτωρ. Οὗτοι μὲν οὖν, ὥσπερ ἐγὼ λέγω, ἤ τι ἢ οὐδὲν
ἀληθὲς εἰρήκασιν · ὑμεῖς δ' ἐμοῦ ἀκούσεσθε πᾶσαν τὴν
ἀλήθειαν[6]. Οὐ μέντοι μὰ Δί', ὦ ἄνδρες Ἀθηναῖοι,
κεκαλλιεπημένους γε λόγους[7], ὥσπερ οἱ τούτων, ῥήμασί

1. Ὀλίγου, sous-entendu δεῖν, peu s'en faut. — Ὑπ' αὐτῶν ὀλίγου ἐμαυτοῦ ἐπελαθόμην, j'en suis presque venu à ne plus me reconnaître moi-même par l'effet de leurs discours.

2. Αὐτῶν ἓν ἐθαύμασα... j'ai admiré d'eux une chose entre beaucoup d'autres qu'ils ont dites faussement. (Synt., 88.) — Ὧν est au génitif par attraction. (Synt., 76.) — Ἐθαύμασα τοῦτο ἐν ᾧ ἔλεγον, j'ai admiré ceci, qui consiste en ce qu'ils disaient que. — Χρῆν ou ἐχρῆν, imparfait de χρή, il faut.

3. Μηδ' ὁπωστιοῦν, en aucune façon.

4. Αὐτῶν ἀναισχυντότατον, cela m'a paru d'eux (ou en eux, ou de leur part), la chose la plus impudente.

5. Εἰ μὴ ἄρα, nisi forte scilicet.

— Ῥήτωρ, attribut au nominatif parce qu'il se rapporte au sujet ἔγωγε. (Synt., 210.) — Οὐ κατὰ τούτους, non secundum ipsos, non à leur manière. — Ἤ τι ἢ οὐδέν, vel aliquid vel nihil, c'est-à-dire fere nihil.

6. Ἀκούσεσθέ μου τὴν ἀλήθειαν. Lorsque le verbe ἀκούω a deux régimes, on met le nom de la personne au génitif, et celui de la chose à l'accusatif. (Synt., 86.)

7. Καλλιεπέω (Racine καλὸς, ἔπος), avoir un beau langage. De là κεκαλλιεπημένοι λόγοι, discours ornés, fleuris. — Ῥήματα, pensées, ὀνόματα, mots. Ῥῆμα, venant de εἴρημαι, signifie une chose dite ou exprimée par la parole. — Τὰ ἐπιτυχόντα ὀνόματα, les premiers termes venus. Ὥσπερ οἱ τούτων, sous-entendez εἰσί.

τε καὶ ὀνόμασιν, οὐδὲ κεκοσμημένους, ἀλλ' ἀκούσεσθε
εἰκῆ λεγόμενα τοῖς ἐπιτυχοῦσιν ὀνόμασι · πιστεύω γὰρ
δίκαια εἶναι ἃ λέγω, καὶ μηδεὶς ὑμῶν προσδοκησάτω
ἄλλως. Οὐδὲ γὰρ ἂν δήπου πρέποι, ὦ ἄνδρες, τῆδε τῇ
ἡλικίᾳ[1], ὥσπερ μειρακίῳ, πλάττοντι λόγους εἰς ὑμᾶς
εἰσιέναι. Καὶ μέντοι καὶ πάνυ, ὦ ἄνδρες Ἀθηναῖοι,
τοῦτο ὑμῶν δέομαι καὶ παρίεμαι[2] · ἐὰν διὰ τῶν αὐτῶν
λόγων ἀκούητέ μου ἀπολογουμένου δι' ὧνπερ εἴωθα
λέγειν καὶ ἐν ἀγορᾷ ἐπὶ τῶν τραπεζῶν[3], ἵνα ὑμῶν οἱ
πολλοὶ ἀκηκόασι, καὶ ἄλλοθι, μήτε θαυμάζειν μήτε
θορυβεῖν τούτου ἕνεκα. Ἔχει γὰρ οὑτωσί. Νῦν ἐγὼ
πρῶτον ἐπὶ δικαστήριον ἀναβέβηκα, ἔτη γεγονὼς πλείω
ἑβδομήκοντα · ἀτεχνῶς[4] οὖν ξένως ἔχω τῆς ἐνθάδε
λέξεως. Ὥσπερ οὖν ἂν, εἰ τῷ ὄντι ξένος ἐτύγχανον
ὤν, ξυνεγιγνώσκετε δήπου ἄν μοι, εἰ ἐν ἐκείνῃ τῇ φωνῇ
τε καὶ τῷ τρόπῳ ἔλεγον ἐν οἷσπερ ἐτεθράμμην[5], καὶ

---

1. Τῆδε τῇ ἡλικίᾳ. Socrate avait
soixante-dix ans. — Πλάττειν λόγους, *façonner artistement des discours.* Démosthène dit à Eschine :
Τί λόγους πλάττεις, *quid verba
concinnas?* (Pro. Cor. 37.) — Note *a*.
2. Δέομαι καὶ παρίεμαι, *je vous
le demande et je vous prie de me le
permettre.* Remarquez cette signification assez rare du moyen παρίεμαι. On voit ailleurs dans Platon :
παρίεμενος τοὺς ἄρχοντας, *ayant
demandé la permission aux ar-
chontes.* (Legg. 5, p. 742.) En effet
παρίημι veut dire *permettre;* d'où
παρίεμαι, *se faire permettre,* ou
demander la permission.
3. Τράπεζαι, les tables ou comp-
toirs des banquiers ou changeurs.
— Ἵνα, *ubi.* — Ἄλλοθι, *ailleurs,*

comme dans les échoppes, les bou-
tiques, les ateliers, les portiques. —
Θορυβέω, *faire du trouble* pour
interrompre un orateur.
4. Ἀτεχνῶς, *véritablement,* de
ἀτεχνής, *sans artifice.* Mais ἀτέ-
χνως, *sans art, grossièrement,* de
ἄτεχνος, *rudis, imperitus.* — Ξένως
ἔχω, *je suis étranger au langage
qu'on parle ici.* Ἔχω avec un adverbe signifie être dans tel ou tel
état. (Synt., 316.)
5. Ἐτεθράμμην, plus-que-parf.
passif de τρέφω, f. θρέψω, pf. τέ-
τροφα, parf. passif τέθραμμαι. Le
f. θρέψω et le pf. τέθραμμαι prennent le θ pour compenser l'as-
piration, que la désinence fait
perdre.

δὴ καὶ νῦν τοῦτο ὑμῶν δέομαι δίκαιον [1], ὥς γ' ἐμοὶ
δοκῶ, τὸν μὲν τρόπον τῆς λέξεως ἐᾶν, (ἴσως μὲν γὰρ
τι χείρων [2], ἴσως δὲ βελτίων ἂν εἴη) αὐτὸ δὲ τοῦτο
σκοπεῖν καὶ τούτῳ τὸν νοῦν προσέχειν, εἰ δίκαια λέγω
ἢ μή· δικαστοῦ μὲν γὰρ αὕτη ἀρετὴ, ῥήτορος δὲ τὰ-
ληθῆ λέγειν.

CHAPITRE II

ARGUMENT. Ce qui rend sa justification difficile, ce sont les faux préjugés longtemps entretenus par la rumeur publique, surtout depuis
que le poète Aristophane l'a calomnié sur la scène. Il essayera de
réfuter d'abord ces premiers accusateurs insaisissables, qu'il redoute
encore plus qu'Anytus et ses amis.

Πρῶτον μὲν οὖν δίκαιός εἰμι ἀπολογήσασθαι [3], ὦ
ἄνδρες Ἀθηναῖοι, πρὸς τὰ πρῶτά μου ψευδῆ κατηγορημένα καὶ τοὺς πρώτους κατηγόρους [4], ἔπειτα δὲ πρὸς
τὰ ὕστερα καὶ τοὺς ὑστέρους [5]. Ἐμοῦ γὰρ πολλοὶ κατ-

1. Ὑμῶν δέομαι ἐᾶν, a vobis
peto ut ad meam dicendi rationem
non attendatis.
2. Χείρων et βελτίων se rapportent à τὸν τρόπον. Peut-être le
genre de mon discours sera-t-il
pire, ou peut-être sera-t-il meilleur. C'est-à-dire, veuillez me laisser maître de la forme de mon discours, bonne ou mauvaise.
3. Δίκαιός εἰμι ἀπολογήσασθαι
signifie δίκαιόν ἐστί με ἀπολογήσασθαι, il est juste que je me défende. (Synt., 89.) — Τὰ ψευδῆ
κατηγορημένα μου, les accusations

mensongères portées contre moi. Les
verbes actifs, composés de κατά,
contre, veulent au génitif le nom de
la personne et à l'accusatif le nom
de la chose. (Synt., 114.) Au passif,
le nom de la chose devient sujet.
4. Τοὺς πρώτους κατηγόρους.
Ce sont les ennemis qu'il s'est at-
tirés dans sa longue carrière, en
démasquant leur vanité et leur
ignorance.
5. Τοὺς ὑστέρους, Anytus et ses
amis Lycon et Mélitus. Horace appelle Socrate l'accusé d'Anytus,
Anyti reum. (II, Sat. IV.)

ήγοροι γεγόνασι πρὸς ὑμᾶς, καὶ πάλαι πολλὰ ἤδη ἔτη
καὶ οὐδὲν ἀληθὲς λέγοντες · οὓς ἐγὼ μᾶλλον φοβοῦμαι
ἢ τοὺς ἀμφὶ "Ανυτον [1], καίπερ ὄντας καὶ τούτους δεινούς [2]. Ἀλλ' ἐκεῖνοι δεινότεροι, ὦ ἄνδρες, οἳ ὑμῶν τοὺς
πολλοὺς ἐκ παίδων παραλαμβάνοντες [3] ἔπειθόν τε καὶ
κατηγόρουν ἐμοῦ οὐδὲν ἀληθὲς, ὡς ἔστι τις Σωκράτης,
σοφὸς ἀνὴρ, τά τε μετέωρα φροντιστὴς [4], καὶ τὰ ὑπὸ
γῆς ἅπαντα ἀνεζητηκώς, καὶ τὸν ἥττω λόγον [5] κρείττω
ποιῶν.

Οὗτοι, ὦ ἄνδρες Ἀθηναῖοι, ταύτην τὴν φήμην
κατασκεδάσαντες, οἱ δεινοί εἰσί μου κατήγοροι · οἱ γὰρ
ἀκούοντες ἡγοῦνται τοὺς ταῦτα ζητοῦντας οὐδὲ θεοὺς
νομίζειν. Ἔπειτά εἰσιν οὗτοι οἱ κατήγοροι πολλοί [6] καὶ
πολὺν ἤδη χρόνον κατηγορηκότες, ἔτι δὲ καὶ ἐν ταύτῃ
τῇ ἡλικίᾳ [7] λέγοντες πρὸς ὑμᾶς, ἐν ᾗ ἂν μάλιστα ἐπιστεύσατε, παῖδες ὄντες, ἔνιοι δ' ὑμῶν καὶ μειράκια,
ἀτεχνῶς ἐρήμην κατηγοροῦντες [8], ἀπολογουμένου οὐδε-

---

1. Τοὺς ἀμφὶ "Ανυτον, *Anytus
et ses amis.* (Synt. ,288.) Sur Anytus,
Mélitus et Lycon, voyez p. 27, n. 5.
2. Δεινούς, *redoutables.*
3. Παραλαμβάνοντες, *s'empa-
rant de vous.* — Κατηγόρουν ἐμοῦ
οὐδὲν ἀληθές, voyez la note précé-
dente, p. 8, n. 3. — Ὡς, savoir que,
scilicet. — Σοφός pouvait désigner
un sage et un sophiste, comme chez
nous le mot philosophe.
4. Τὰ μετέωρα φροντιστής équi-
vaut à τὰ μετέωρα φροντίζων.
(Synt., 48.)
5. Τὸν ἥττω λόγον, *causam quæ
erat inferior superiorem faciens.*
Ils prétendaient que Socrate savait,
par ses subtilités, rendre bonne une
cause mauvaise. C'était plutôt le re-

proche que méritaient les sophistes
que combattait Socrate. Chercher
ce qui se passe dans le ciel et ce
qui est sous la terre, et savoir d'une
mauvaise cause en faire une bonne,
voilà le reproche qu'ils lui font et
leur acte d'accusation.
6. Ἔπειτα. Construisez : οὗτοι οἱ
κατήγοροί εἰσι πολλοί. (Synt., 17.)
7. Ἐν ταύτῃ τῇ ἡλικίᾳ, ἐν ᾗ
ἂν μάλιστα ἐπιστεύσατε, *ils m'ac-
cusaient devant vous lorsque vous
étiez enfants, dans cet âge où vous
deviez le plus facilement les croire.*
8. Ἐρήμην κατηγορίαν ou δίκην
κατηγοροῦντες, *poursuivant une
accusation solitaire, où l'accusé ne
paraît pas pour se défendre.* Joignez
κατηγοροῦντες à κατήγοροι.

νός. Ὁ δὲ πάντων ἀλογώτατον, ὅτι οὐδὲ τὰ ὀνόματα
οἷόν τε αὐτῶν εἰδέναι καὶ εἰπεῖν, πλὴν εἴ τις κωμῳδο-
ποιὸς τυγχάνει ὤν[1]. Ὅσοι δὲ φθόνῳ καὶ διαβολῇ χρώ-
μενοι ὑμᾶς ἀνέπειθον, οἱ δὲ καὶ αὐτοὶ πεπεισμένοι ἄλλους πείθοντες, οὗτοι πάντες ἀπορώτατοί[2] εἰσιν· οὐδὲ
γὰρ ἀναβιβάσασθαι[3] οἷόν τ' ἐστὶν αὐτῶν ἐνταυθοῖ οὐδ'
ἐλέγξαι οὐδένα, ἀλλ' ἀνάγκη ἀτεχνῶς ὥσπερ σκιαμαχεῖν[4] ἀπολογούμενόν τε καὶ ἐλέγχειν, μηδενὸς ἀπο-
κρινομένου. Ἀξιώσατε[5] οὖν καὶ ὑμεῖς, ὥσπερ ἐγὼ λέγω,
διττούς μου τοὺς κατηγόρους γεγονέναι, ἑτέρους μὲν
τοὺς ἄρτι κατηγορήσαντας, ἑτέρους δὲ τοὺς πάλαι, οὓς
ἐγὼ λέγω. Καὶ οἰήθητε δεῖν πρὸς ἐκείνους[6] πρῶτόν με
ἀπολογήσασθαι· καὶ γὰρ ὑμεῖς ἐκείνων πρότερον ἠκού-
σατε κατηγορούντων, καὶ πολὺ μᾶλλον ἢ τῶνδε τῶν
ὕστερον.

Εἶεν[7]. Ἀπολογητέον δὴ, ὦ ἄνδρες Ἀθηναῖοι, καὶ
ἐπιχειρητέον ὑμῶν ἐξελέσθαι τὴν διαβολὴν, ἣν ὑμεῖς

---

1. « Je ne puis ni connaître ces accusateurs ni les nommer, à l'ex-ception d'un certain faiseur de comédies. » C'est Aristophane qui, vingt-quatre ans auparavant, avait, dans une pièce intitulée *les Nuées*, représenté Socrate comme débitant toute sorte d'impiétés, et les ensei-gnant à ses disciples. L'acte d'ac-cusation n'est que l'analyse de la comédie d'Aristophane. C'est ce poète licencieux qui a préparé la ciguë à l'homme le plus sage de l'antiquité païenne.

2. Ἀπορώτατοι, *ils sont les plus embarrassants, les plus difficiles à combattre.*

3. Ἀναβιβάσασθαι, *faire com-* paraître.

4. Σκιαμαχεῖν, *combattre des ombres ou des fantômes*, comme lorsqu'un homme s'agite pour se défendre quand personne ne l'at-taque. Traduisez comme s'il y avait : σκιαμαχεῖν ἀπολογούμενόν τε καὶ ἐλέγχοντα, μηδενὸς ἀποκρινομέ-νου. C'est une hyperbate ou ana-coluthe. — Note *b*.

5. Ἀξιώσατε, *existimate*.

6. Ἐκείνους, i. e. τοὺς πάλαι, les premiers accusateurs.

7. Εἶεν, *soit*, formule de tran-sition. Puisqu'il en est ainsi, il faut donc que je présente ma dé-fense. — Τὴν διαβολὴν, les effets de la calomnie.

ἐν πολλῷ χρόνῳ ἔσχετε, ταύτην[1] ἐν οὕτως ὀλίγῳ χρόνῳ.
Βουλοίμην μὲν οὖν ἂν τοῦτο οὕτω γενέσθαι, εἴ τι
ἄμεινον καὶ ὑμῖν καὶ ἐμοί, καὶ πλέον τί με ποιῆσαι[2]
ἀπολογούμενον · οἶμαι δὲ αὐτὸ χαλεπὸν εἶναι, καὶ οὐ
πάνυ με λανθάνει οἷόν ἐστιν. Ὅμως δὲ τοῦτο μὲν ἴτω
ὅπη τῷ θεῷ φίλον[3], τῷ δὲ νόμῳ πειστέον[4] καὶ ἀπολογητέον.

CHAPITRE III

ARGUMENT. On a depuis longtemps accusé Socrate de vouloir scruter ce
qui se passe dans les cieux et sous la terre, d'étudier l'astronomie, et
d'enseigner l'art de faire triompher une cause mauvaise. Sur le premier chef, il déclare qu'il ne s'est jamais occupé de ces sciences.

Ἀναλάβωμεν[5] οὖν ἐξ ἀρχῆς τίς ἡ κατηγορία ἐστὶν,
ἐξ ἧς ἡ ἐμὴ διαβολὴ γέγονεν, ᾗ δὴ καὶ πιστεύων Μέλητός με ἐγράψατο τὴν γραφὴν ταύτην. Εἶεν. Τί δὴ
λέγοντες διέβαλλον οἱ διαβάλλοντες ; Ὥσπερ οὖν κατ-

1. Ταύτην, et cette calomnie qui dure depuis plus de trente années, il me faut la réfuter en si peu de temps. Le temps accordé au plaidoyer était mesuré par la clepsydre.
2. Πλέον τί ποιῆσαι, aliquid proficere, obtenir quelque avantage.
3. Ἴτω ὅπη τῷ θεῷ φίλον, qu'il arrive ce qu'il plaît à Dieu. Ce mot de Socrate réfute ses adversaires : il professe qu'il croit à la divinité et à la Providence.
4. Τῷ νόμῳ πειστέον. Il doute du succès de son discours, tant les préjugés contre lui sont invétérés. Il se défendra cependant, parce que la loi l'exige. Douter d'avance du succès de sa cause ne semble pas une chose adroite ; c'est faire entendre que ses juges manqueront de justice ou d'intelligence.
5. Ἀναλάβωμεν. Socrate reprend à leur origine les calomnies dont il a été l'objet ; Mélitus les a acceptées comme véritables, et elles l'ont porté à se faire son accusateur.

ἠγόρων τὴν ἀντωμοσίαν¹ δεῖ ἀναγνῶναι αὐτῶν. ΣΩ-
ΚΡΑΤΗΣ ΑΔΙΚΕΙ, ΚΑΙ ΠΕΡΙΕΡΓΑΖΕΤΑΙ²
ΖΗΤΩΝ ΤΑ ΤΕ ΥΠΟ ΓΗΣ³ ΚΑΙ ΤΑ ΕΠΟΥ-
ΡΑΝΙΑ, ΚΑΙ ΤΟΝ ΗΤΤΩ ΛΟΓΟΝ ΚΡΕΙΤΤΩ
ΠΟΙΩΝ⁴, ΚΑΙ ΑΛΛΟΥΣ ΤΑΥΤΑ ΔΙΔΑΣΚΩΝ.
Τοιαύτη τίς ἐστι · τοιαῦτα γὰρ ἑωρᾶτε καὶ αὐτοὶ ἐν
τῇ Ἀριστοφάνους κωμῳδίᾳ⁵, Σωκράτην τινὰ ἐκεῖ
περιφερόμενον, φάσκοντά τε ἀεροβατεῖν⁶, καὶ ἄλλην
πολλὴν φλυαρίαν φλυαροῦντα, ὧν ἐγὼ οὐδὲν οὔτε μέγα
οὔτε σμικρὸν πέρι⁷ ἐπαΐω. Καὶ οὐχ ὡς ἀτιμάζων

1. Τὴν ἀντωμοσίαν. Il faut lire
leur acte d'accusation, comme s'ils
étaient de formels accusateurs. A
Athènes, l'accusateur jurait qu'il
dirait la vérité. L'accusé protestait
de son innocence. Ce double serment s'appelait ἀντωμοσία. On
appelait aussi ἀντωμοσία la formule de l'accusation avec serment.
C'est dans ce sens que Platon dit
ici : ἀντωμοσίαν ἀναγνῶναι, lire
l'accusation rédigée en forme, avec
le serment prêté par l'accusateur.
(Cousin.)

2. Ἀδικεῖ καὶ περιεργάζεται,
figure qu'on appelle hendiadys
(ἓν διὰ δυοῖν); c'est comme s'il
y avait ἀδικῶς παριεργάζεται, il
se livre à une curiosité coupable.

3. Τὰ ὑπὸ γῆς. Il cherche ce
qui est sous la terre et veut pé-
nétrer dans l'Érèbe et le Tartare;
en outre, il s'applique à l'astronomie. C'est ce qu'on voit dans les
Nuées d'Aristophane, v. 188 et sui-
vants. — Note c.

4. Τὸν ἥττω λόγον κρείττω
ποιῶν. Le poète introduit sur la
scène un père qui, ruiné par son
fils, vient prier Socrate de lui enseigner l'art de ne pas payer ses

dettes. (Nuées, 240 et suiv.)

5. Ἐν τῇ Ἀριστοφάνους κω-
μῳδίᾳ. La comédie des Nuées fut
représentée vingt-quatre ans avant
la mort de Socrate. Dans cette pièce
remplie d'obscénités et de grossiè-
retés ignobles, Aristophane confond
injustement Socrate avec les sophistes. Ce grand homme, au lieu
de les imiter, les combattait avec
autant d'esprit que de vigueur.

6. Ἀεροβατεῖν. Socrate paraît
sur la scène juché dans une corbeille au milieu des nuages, d'où
il débite des sottises et des impiétés.
« Que fais-tu là? » demande Strep-
siade, qui est venu le consulter. Socrate répond qu'il se promène en
l'air et qu'il contemple le soleil :
ἀεροβατῶ καὶ περιφρονῶ τὸν ἥλιον.
(Nuées, v. 225.) — Περιφερόμενον.
Ce mot indique le mouvement de
la corbeille balancée en l'air.

7. Ὧν se joint à πέρι, et lorsque la préposition est, comme ici,
mise après son complément, l'accent
de la préposition recule sur la première syllabe. Ainsi l'on écrit ὧν
πέρι et περὶ ὧν. C'est ce qu'on appelle anastrophe. (Synt., 568.)

λέγω τὴν τοιαύτην ἐπιστήμην, εἴ τις περὶ τῶν τοιούτων σοφός ἐστι · μή πως[1] ἐγὼ ὑπὸ Μελήτου τοσαύ-
τας δίκας φύγοιμι. Ἀλλὰ γὰρ ἐμοὶ τούτων, ὦ
ἄνδρες Ἀθηναῖοι, οὐδὲν μέτεστι[2]. Μάρτυρας[3] δ' αὐτοὺς ὑμῶν τοὺς πολλοὺς παρέχομαι, καὶ ἀξιῶ ὑμᾶς
ἀλλήλους διδάσκειν τε καὶ φράζειν, ὅσοι ἐμοῦ πώποτε
ἀκηκόατε διαλεγομένου · πολλοὶ δὲ ὑμῶν οἱ τοιοῦτοί
εἰσι. Φράζετε οὖν ἀλλήλοις εἰ πώποτε ἢ σμικρὸν ἢ
μέγα ἤκουσέ τις ὑμῶν ἐμοῦ περὶ τῶν τοιούτων διαλεγομένου · καὶ ἐκ τούτου γνώσεσθε ὅτι τοιαῦτ' ἐστὶ
καὶ τἆλλα[4] περὶ ἐμοῦ ἃ οἱ πολλοὶ λέγουσιν.

CHAPITRE IV

ARGUMENT. Autre reproche. On dit qu'il s'enrichit en faisant payer ses
leçons. D'abord il ne se donne point comme capable d'instruire les
hommes; et jamais il n'a rien exigé de ceux qui viennent l'entendre,
comme font plusieurs rhéteurs célèbres.

Ἀλλὰ γὰρ οὔτε τούτων οὐδέν ἐστιν[5], οὐδέ γ' εἴ τινος
ἀκηκόατε ὡς ἐγὼ παιδεύειν ἐπιχειρῶ ἀνθρώπους, καὶ

1. Μή πως. Je dis cela, de peur
que Mélitus n'aille encore m'inten-
ter une si grosse accusation. Ironie.
Φεύγειν δίκην, opposé à διώκειν,
signifie être accusé.

2. Οὐδὲν μέτεστι, je ne me mêle
point de ces sortes d'études.

3. Μάρτυρας. L'appel de Socrate
au propre témoignage de ses auditeurs réfute victorieusement ce chef
d'accusation, et de là il tire sur-le-

champ une conclusion habile : « Si
cette première accusation n'a aucun
fondement, on peut juger que les
autres ne sont pas moins fausses.»

4. Τοιαῦτ' ἐστὶ καὶ τἆλλα. C'est
tout ce qu'il dit pour réfuter l'accusation si grave d'enseigner l'art de
faire triompher une mauvaise cause.
Cela méritait pourtant une réfuta-
tion sérieuse et directe.

5. Τούτων οὐδέν ἐστιν ἀληθές.

χρήματα πράττομαι¹, οὐδὲ τοῦτο ἀληθές. Ἐπεὶ καὶ
τοῦτό γ' ἐμοὶ δοκεῖ καλὸν εἶναι, εἴ τις οἷός τ' εἴη παιδεύειν ἀνθρώπους, ὥσπερ Γοργίας τε ὁ Λεοντῖνος², καὶ
Πρόδικος ὁ Κεῖος³, καὶ Ἱππίας δὲ ὁ Ἠλεῖος⁴. Τούτων
γὰρ ἕκαστος, ὦ ἄνδρες, οἷός τ' ἐστὶν, ἰὼν εἰς ἑκάστην
τῶν πόλεων, τοὺς νέους, οἷς ἔξεστι τῶν ἑαυτῶν πολιτῶν
προῖκα ξυνεῖναι ᾧ ἂν βούλωνται, τούτους πείθουσι⁵ τὰς
ἐκείνων ξυνουσίας ἀπολιπόντας σφίσι ξυνεῖναι χρήματα
διδόντας, καὶ χάριν προσειδέναι. Ἐπεὶ καὶ ἄλλος ἀνήρ⁶
ἐστι Πάριος ἐνθάδε σοφὸς⁷, ὃν ἐγὼ ἠσθόμην ἐπιδη-
μοῦντα· ἔτυχον γὰρ προσελθὼν ἀνδρὶ, ὃς τετέλεκε χρήματα σοφισταῖς πλείω ἢ ξύμπαντες οἱ ἄλλοι, Καλλίᾳ

---

1. Χρήματα πράττεσθαι, *exiger
de l'argent, se faire payer.*

2. Gorgias de Léontium, en Sicile,
fut le maître d'Isocrate. Il n'admettait personne à ses leçons à
moins de cent mines. Or la mine
valait cent drachmes et la drachme
90 centimes. Cent mines font donc
neuf cents francs.

3. Prodicus de Céos était un rhéteur habile et un philosophe distin-
gué. Il est l'auteur du bel apologue
de la Mollesse et de la Vertu se dis-
putant le jeune Hercule, apologue
qui nous a été conservé par Xénophon (*Mém. Socr.*, II, 1) et par
saint Basile, qui parle de Prodicus avec estime : οὐ γὰρ ἀπό-
βλητος ὁ ἀνήρ, dit-il. (*Orat. ad
juv.*, 10.)

4. Hippias d'Elis, rhéteur et philosophe, florissait vers l'an 436 av.
J.-C. Il se vanta dans l'assemblée
des Grecs, aux jeux olympiques,
de posséder toutes les sciences et
tous les arts libéraux. Socrate,
dans les dialogues de Platon, se

moque de sa vanité. (Voyez l'*Hippias.*)

5. Τούτους πείθουσι. Il faudrait
régulièrement : οἷός τέ ἐστι τοὺς
νέους πείθειν. Mais l'écrivain, après
la parenthèse οἷς ἔξεστι..., oubliant
le début de sa phrase, prend un
nouveau tour et change de construction. C'est une figure que les
grammairiens appellent anacoluthe.
Le pronom τούτους est superflu; il
tient lieu de τοὺς νέους qui pré-
cède la parenthèse. — Note d.

6. Ἄλλος ἀνήρ. Le récit contenu
dans ce chapitre est bien dans le
genre de Socrate, mais il semble un
hors d'œuvre. Socrate ne devrait
pas s'amuser à conter des his-
toires, lorsqu'il s'agit de sa tête. En
outre, la comparaison des deux fils
de Callias avec des poulains et des
taureaux choquerait nos mœurs.

7. Ἐνθάδε σοφός, *considéré dans
son pays comme un sage.* — Ὃν
ἠσθόμην ἐπιδημοῦντα, *lequel j'ai
su être arrivé ici.*

τῷ Ἱππονίκου¹. Τοῦτον οὖν ἀνηρόμην (ἐστὸν γὰρ αὐτῷ δύο υἱέε)· « Ὦ Καλλία, ἦν δ' ἐγώ², εἰ μέν σου τὼ υἱέε³ πώλω ἢ μόσχω ἐγενέσθην, εἴχομεν ἂν αὐτοῖν ἐπιστά- την⁴ λαβεῖν καὶ μισθώσασθαι, ὃς ἔμελλεν αὐτὼ καλώ τε κἀγαθὼ ποιήσειν τὴν προσήκουσαν ἀρετήν· ἦν δ' ἂν οὗ- τος ἢ τῶν ἱππικῶν τις, ἢ τῶν γεωργικῶν· νῦν δ' ἐπειδὴ ἀνθρώπω ἐστόν, τίνα αὐτοῖν ἐν νῷ ἔχεις ἐπιστάτην λαβεῖν; Τίς τῆς τοιαύτης ἀρετῆς, τῆς ἀνθρωπίνης τε καὶ πολιτικῆς, ἐπιστήμων ἐστίν; οἶμαι γάρ σε ἐσκέ- φθαι⁵, διὰ τὴν τῶν υἱέων κτῆσιν. Ἔστι τις, ἔφην ἐγώ, ἢ οὔ;

— Πάνυ γε, ἦ δ' ὅς.

— Τίς, ἦν δ' ἐγώ, καὶ ποδαπός; καὶ πόσου δι- δάσκει;

— Εὔηνος, ἔφη, ὦ Σώκρατες, Πάριος, πέντε μνῶν⁶. » Καὶ ἐγὼ τὸν Εὔηνον ἐμακάρισα, εἰ ὡς ἀλη- θῶς⁷ ἔχει ταύτην τὴν τέχνην καὶ οὕτως ἐμμελῶς⁸ διδά- σκει. Ἐγὼ γοῦν καὶ αὐτὸς ἐκαλλυνόμην τε καὶ ἡβρυ- νόμην ἄν, εἰ ἠπιστάμην ταῦτα· ἀλλ' οὐ γὰρ ἐπίστα- μαι, ὦ ἄνδρες Ἀθηναῖοι.

---

1. Καλλία. Callias était un des plus riches citoyens d'Athènes.

2. Ἦν δ' ἐγώ, dis-je; ἦν, forme attique pour ἔφην.

3. Ὑιέε. Les Attiques disent υἱέος, υἱεῖ, υἱεῖς, υἱέε, comme si le nominatif était υἱεύς, forme inusitée.

4. Εἴχομεν ἄν, possemus. (Synt. 316.) — Ἐπιστάτης, précepteur.

5. Ἐσκέφθαι, infinitif parfait de σκέπτομαι.

6. Πέντε μνῶν, cinq mines valent 450 francs.

7. Ὡς ἀληθῶς, véritablement. Il y a dans ce mot une pointe d'iro- nie.

8. Οὕτως ἐμμελῶς, à un prix si convenable.

CHAPITRE V

ARGUMENT. L'origine de tout le bruit qui s'est fait autour de son nom vient d'un oracle de Delphes Chéréphon ayant demandé s'il y avait quelqu'un plus sage que Socrate, la Pythie a répondu que non.

Ὑπολάβοι οὖν ἄν τις ὑμῶν ἴσως· « Ἀλλ', ὦ Σώκρα-τες, τὸ σὸν τί ἐστι πρᾶγμα; πόθεν αἱ διαβολαί σοι αὗται γεγόνασιν; οὐ γὰρ δήπου, σοῦ γε οὐδὲν τῶν ἄλλων περιττότερον πραγματευομένου ¹, ἔπειτα τοσαύτη φήμη τε καὶ λόγος γέγονεν, εἰ μή τι ἔπραττες ἀλλοῖον ἢ οἱ πολλοί ². Λέγε οὖν ἡμῖν τί ἐστιν, ἵνα μὴ ἡμεῖς περὶ σοῦ αὐτοσχεδιάζωμεν ³. » Ταυτί μοι δοκεῖ δίκαια λέγειν ὁ λέγων, κἀγὼ ὑμῖν πειράσομαι ἀποδεῖξαι τί ποτ' ἔστι τοῦτο, ὃ ἐμοὶ πεποίηκε τό τε ὄνομα ⁴ καὶ τὴν διαβολήν. Ἀκούετε δή. Καὶ ἴσως μὲν δόξω τισὶν ὑμῶν παίζειν· εὖ μέντοι ἴστε, πᾶσαν ὑμῖν τὴν ἀλήθειαν ἐρῶ. Ἐγὼ γάρ, ὦ ἄνδρες Ἀθηναῖοι, δι' οὐδὲν ἀλλ' ἢ ⁵ διὰ σοφίαν τινὰ τοῦτο τὸ ὄνομα ἔσχηκα. Ποίαν δὴ σοφίαν ταύτην;

---

1. Οὐδὲν πραγματευομένου, génitif absolu ayant le sens d'un conditionnel : si tu ne faisais rien de plus que les autres. Πραγματεύεσθαι veut dire s'appliquer, s'étudier, s'ingénier, pour faire quelque chose d'important ou de difficile.

2. Ἀλλοῖον ἢ οἱ πολλοί, nisi faceres aliquid diversum a cæteris. Ce membre de phrase est la répétition du premier. Platon imite, sans négligence, le style simple et familier de la conversation.

3. Αὐτοσχεδιάζειν, improviser, faire une chose à la hâte, signifie ici : juger sans une connaissance suffisante, temere judicare.

4. Ὄνομα, la réputation que l'on m'a faite.

5. Οὐδὲν ἀλλ' ἢ pour οὐδὲν ἄλλο ἢ, nihil aliud quam ou nisi.

Ἥπέρ ἐστὶν ἴσως ἀνθρωπίνη σοφία. Τῷ ὄντι γὰρ κινδυνεύω ταύτην εἶναι σοφός[1] · οὗτοι δὲ τάχ' ἂν, οὓς ἄρτι ἔλεγον, μείζω τινὰ ἢ κατ' ἄνθρωπον σοφίαν σοφοὶ εἶεν[2], ἢ οὐκ ἔχω ὅ τι λέγω[3] · οὐ γὰρ δὴ ἔγωγε αὐτὴν ἐπίσταμαι, ἀλλ' ὅστις φησί[4], ψεύδεταί τε καὶ ἐπὶ διαβολῇ τῇ ἐμῇ λέγει.

Καί μοι, ὦ ἄνδρες Ἀθηναῖοι, μὴ θορυβήσητε, μηδ' ἐὰν δόξω τι ὑμῖν μέγα[5] λέγειν · οὐ γὰρ ἐμὸν ἐρῶ τὸν λόγον, ὃν ἂν λέγω, ἀλλ' εἰς ἀξιόχρεων ὑμῖν τὸν λέγοντα ἀνοίσω[6]. Τῆς γὰρ ἐμῆς, εἰ δή τίς ἐστι σοφία καὶ οἵα, μάρτυρα ὑμῖν παρέξομαι τὸν θεὸν τὸν ἐν Δελφοῖς[7]. Χαιρεφῶντα[8] γὰρ ἴστε που. Οὗτος ἐμός τε ἑταῖρος[9] ἦν ἐκ νέου, καὶ ὑμῶν τῷ πλήθει ἑταῖρός τε καὶ ξυνέφυγε τὴν φυγὴν ταύτην[10] καὶ μεθ' ὑμῶν

1. Κινδυνεύω ταύτην εἶναι σοφός, je cours risque de n'être sage que de la sagesse humaine, il y a toute apparence que je n'en ai pas d'autre. (Synt., 317.)

2. Μείζω ἢ κατ' ἄνθρωπον σοφία, sagesse plus grande que celle que peut avoir un homme par luimême, sagesse supérieure à la nature humaine. Sophocle dit de même : μείζον ἢ κατ' ἄνθρωπον νοσεῖς (Œd. C., 598), tu souffres un mal plus grand que ne le comporte la nature humaine, un mal qui excède les forces de l'homme. (Synt., 351.)

3. Ἢ οὐκ ἔχω ὅ τι λέγω, ou bien je ne sais que dire; si la sagesse qu'ils prétendent avoir ne surpasse pas celle de la nature humaine, je n'y comprends rien.

4. Ὅστις φησί, quiconque affirme que je possède une sagesse supérieure à celle qu'on peut acquérir par ses propres réflexions.

5. Μέγα, quelque chose qui semble arrogant.

6. Ἀλλὰ τὸν λόγον εἰς ἀξιόχρεων ὑμῖν τὸν λέγοντα ἀνοίσω, mais je rapporterai ce discours à un diseur digne de votre confiance. — Ἀνοίσω, fut. d'ἀναφέρω.

7. Δελφοῖς. Le dieu Apollon qui rend des oracles à Delphes, célèbre ville de Phocide.

8. Chéréphon, dont il est question dans les Nuées d'Aristophane, était un citoyen pauvre, d'un caractère bouillant et ardent. (Nuées, 500 et suiv.)

9. Ἑταῖρος, camarade par les bons rapports d'amitié et de société.

10. Ξυνέφυγε τὴν φυγὴν ταύτην, il subit avec vous l'exil que vous savez. C'est l'exil auquel les trente tyrans condamnèrent les principaux citoyens, l'an 404 av. J.-C. Les bannis rentrèrent dans Athènes, l'an 403, sous la conduite de Thra-

κατῆλθε. Καὶ ἴστε δὴ οἷος ἦν Χαιρεφῶν, ὡς σφοδρὸς ἐφ' ὅ τι ὁρμήσειε [1]. Καὶ δή ποτε καὶ εἰς Δελφοὺς ἐλθὼν ἐτόλμησε τοῦτο μαντεύσασθαι [2], καὶ ὅπερ λέγω, μὴ θορυβεῖτε, ὦ ἄνδρες. Ἤρετο γὰρ δὴ εἴ τις ἐμοῦ εἴη σοφώτερος. Ἀνεῖλεν [3] οὖν ἡ Πυθία μηδένα σοφώτερον εἶναι. Καὶ τούτων πέρι [4] ὁ ἀδελφὸς [5] ὑμῖν αὐτοῦ οὑτοσὶ μαρτυρήσει, ἐπειδὴ ἐκεῖνος τετελεύτηκε.

CHAPITRE VI

ARGUMENT. Socrate ne sait rien; mais du moins il sait qu'il ne sait rien; et c'est en cela seulement qu'il est plus sage que les autres qui se croient sages et ne le sont pas. Or, comme il a essayé de le leur prouver, il s'est fait des ennemis.

Σκέψασθε δὲ ὧν ἕνεκα ταῦτα λέγω· μέλλω γὰρ ὑμᾶς διδάξειν ὅθεν μοι ἡ διαβολὴ γέγονε. Ταῦτα γὰρ ἐγὼ ἀκούσας ἐνεθυμούμην οὑτωσί· Τί ποτε λέγει ὁ θεός, καὶ τί ποτε αἰνίττεται ; ἐγὼ γὰρ δὴ οὔτε μέγα οὔτε

sybule. Le procès de Socrate fut intenté l'année suivante. Chéréphon était mort dans l'intervalle.

1. Ἐφ' ὅ τι ὁρμήσειε, combien il était ardent pour les choses auxquelles il se portait.

2. Μαντεύομαι a la double signification de rendre des oracles et de consulter un oracle.

3. Ἀνεῖλεν, d'ἀναιρέω, responsum dedit. C'est le terme propre pour désigner la réponse d'un oracle. La Pythie, selon le scoliaste d'Aristophane, avait répondu par les deux vers iambiques que voici :

Σοφὸς Σοφοκλῆς· σοφώτερος δ' Εὐριπίδης·
Ἀνδρῶν δὲ πάντων Σωκράτης σοφώτερος.

4. Τούτων πέρι, anastrophe pour πέρι τούτων.

5. Ἀδελφός. Le frère de Chéréphon se nommait Chérécrate. Il figure dans Xénophon. (Mém. de Socr., II, 3.)

σμικρὸν ξύνοιδα ἐμαυτῷ σοφὸς ὤν[1] · τί οὖν ποτε λέγει, φάσκων ἐμὲ σοφώτατον εἶναι; οὐ γὰρ δήπου ψεύδεταί γε · οὐ γὰρ θέμις αὐτῷ[2]. Καὶ πολὺν μὲν χρόνον ἠπό- ρουν τί ποτε λέγει, ἔπειτα μόγις πάνυ ἐπὶ ζήτησιν αὐτοῦ τοιαύτην τινὰ ἐτραπόμην. Ἦλθον ἐπί τινα τῶν δοκούντων σοφῶν εἶναι, ὡς ἐνταῦθα, εἴπερ που, ἐλέγξων τὸ μαντεῖον[3], καὶ ἀποφανῶν τῷ χρησμῷ, ὅτι[4] Οὗτός γ᾽ ἐμοῦ σοφώτερός ἐστι, σὺ δ᾽ ἐμὲ ἔφησθα. Διασκοπῶν οὖν τοῦτον (ὀνόματι γὰρ οὐδὲν δέομαι λέγειν · ἦν δέ τις τῶν πολιτικῶν, πρὸς ὃν ἐγὼ σκοπῶν τοιοῦτόν τι ἔπα- θον[5], ὦ ἄνδρες Ἀθηναῖοι), καὶ διαλεγόμενος αὐτῷ, ἔδοξέ μοι οὗτος ὁ ἀνὴρ[6] δοκεῖν μὲν εἶναι σοφὸς ἄλλοις τε πολ- λοῖς ἀνθρώποις καὶ μάλιστα ἑαυτῷ, εἶναι δ᾽ οὔ. Κά- πειτα ἐπειρώμην αὐτῷ δεικνύναι ὅτι οἴοιτο μὲν εἶναι σοφός, εἴη δ᾽ οὔ. Ἐντεῦθεν οὖν τούτῳ τε ἀπηχθόμην[7],

1. Ἐγὼ ξύνοιδα ἐμαυτῷ σοφὸς ὤν. Avec un certain nombre de verbes qui marquent une opération de l'âme ou des sens, au lieu de rattacher la proposition complétive à la principale par ὅτι ou par l'infinitif, on l'unit par le participe, comme on le voit dans cet exemple. Et quand le verbe est accompagné du pronom réfléchi, on fait accorder le participe avec le sujet ou avec le régime. On dit donc ἐγὼ ξύνοιδα ἐμαυτῷ σοφὸς ὤν ou σοφῷ ὄντι, comme au chapitre VIII, ἐμαυτῷ ξυνῄδειν οὐδὲν ἐπιστα- μένῳ. (Synt., 212, 215.)

2. Οὐ γὰρ θέμις αὐτῷ, car il n'est pas possible à un dieu de men- tir. Οὐ θέμις signifie : 1° il n'est pas juste; 2° il n'est pas permis; 3° il n'est pas possible. —Note e.

3. Ὡς ἐνταῦθα, εἴπερ που,

ἐλέγξων, comme devant là (chez ce sage), confondre l'oracle, si on pouvait le confondre quelque part.

4. Ἀποφανῶν ὅτι. On peut citer les propres paroles de quelqu'un en les liant à la phrase principale par ὅτι, comme si ὅτι signifiait ceci. Traduisez donc : espérant déclarer à l'oracle ceci : « Cet homme est plus sage que moi, et tu as dit que c'était moi qui étais le plus sage. » (Synt., 206.) — Σὺ δ᾽ ἐμὲ ἔφησθα, sous-entendu σοφώτερον εἶναι.

5. Τοιοῦτόν τι ἔπαθον, il m'ar- riva ceci, j'éprouvai cette impres- sion. (Voyez c. I, n. 2.)

6. Διαλεγόμενος αὐτῷ, ἔδοξέ μοι, exemple remarquable d'anacoluthe, pour διαλεγομένῳ μοι ἔδοξε.

7. Ἀπηχθόμην, aor. 2 de ἀπεχ- θάνομαι, devenir odieux.

καὶ πολλοῖς τῶν παρόντων. Πρὸς ἐμαυτὸν δ' οὖν ἀπιὼν
ἐλογιζόμην, ὅτι Τούτου μὲν τοῦ ἀνθρώπου ἐγὼ σοφώτερός εἰμι · κινδυνεύει ¹ μὲν γὰρ ἡμῶν οὐδέτερος οὐδὲν
καλὸν κἀγαθὸν εἰδέναι · ἀλλ' οὗτος μὲν οἴεταί τι εἰδέναι οὐκ εἰδώς · ἐγὼ δὲ, ὥσπερ οὖν οὐκ οἶδα, οὐδὲ οἴομαι ².
Ἔοικα γοῦν τούτου γε σμικρῷ τινι αὐτῷ τούτῳ ³ σοφώτερος εἶναι, ὅτι ἃ μὴ οἶδα οὐδὲ οἴομαι εἰδέναι. Ἐντεῦθεν ἐπ' ἄλλον ᾖα τῶν ἐκείνου ⁴ δοκούντων σοφωτέρων
εἶναι, καί μοι ταὐτὰ ταῦτα ἔδοξε ⁵ · καὶ ἐνταῦθα κἀ-
κείνῳ καὶ ἄλλοις πολλοῖς ἀπηχθόμην.

CHAPITRE VII

ARGUMENT. Après les politiques, Socrate a visité les poètes, mais il a
reconnu qu'ils n'étaient pas plus sages.

Μετὰ ταῦτ' οὖν ἤδη ἐφεξῆς ᾖα, αἰσθανόμενος μὲν,
καὶ λυπούμενος καὶ δεδιὼς, ὅτι ἀπηχθανόμην ⁶, ὅμως
δὲ ἀναγκαῖον ἐδόκει εἶναι τὸ τοῦ θεοῦ περὶ πλείστου

1. Κινδυνεύειν, être probable.
(Synt., 317. Voyez plus haut, p. 17,
n. 1.)
2. Οὐδὲ οἴομαι, comme je ne
sais rien, de même je ne crois pas
non plus savoir quelque chose.
3. Σμικρῷ τινι αὐτῷ τούτῳ,
il semble que je suis plus sage que
lui par ce peu-là même (hac ipsa
ratione quadam modica), je veux
dire, parce que je ne crois pas savoir ce que je ne sais pas.

4. Ἦα póur ᾖειν, imparf. att.
d'εἶμι, aller.
5. Δοκούντων εἶναι σοφωτέρων
ἐκείνου, qui videbantur esse illo
sapientiores.—Ταὐτὰ ταῦτα ἔδοξε,
eadem hæc visa sunt (ταῦτα pour
τὰ αὐτα).
6. Αἰσθανόμενος ὅτι ἀπηχθανόμην, m'apercevant bien que je me
rendais odieux, ce qui me causait
du chagrin et de la crainte. Λυπούμενος et δεδιὼς sont en parenthèse

ποιεῖσθαι [1]. Ἰτέον οὖν, σκοποῦντι τὸν χρησμὸν τί λέγει, ἐπὶ ἄπαντας τούς τι δοκοῦντας εἰδέναι. Καὶ νὴ τὸν κύνα [2], ὦ ἄνδρες Ἀθηναῖοι (δεῖ γὰρ πρὸς ὑμᾶς τἀληθῆ λέγειν), ἦ μὴν ἐγὼ ἔπαθόν τι τοιοῦτον [3] · οἱ μὲν μάλιστα εὐδοκιμοῦντες ἔδοξάν μοι ὀλίγου δεῖν τοῦ πλείστου ἐνδεεῖς εἶναι [4], ζητοῦντι κατὰ τὸν θεόν [5] · ἄλλοι δὲ, δοκοῦντες φαυλότεροι [6], ἐπιεικέστεροι εἶναι ἄνδρες πρὸς τὸ φρονίμως ἔχειν. Δεῖ δὴ ὑμῖν τὴν ἐμὴν πλάνην ἐπιδεῖξαι [7], ὥσπερ πόνους τινὰς πονοῦντος, ἵνα μοι καὶ ἀνέλεγκτος [8] ἡ μαντεία γένοιτο. Μετὰ γὰρ τοὺς πολιτικοὺς ᾖα ἐπὶ τοὺς ποιητὰς, τούς τε τῶν τραγῳδιῶν, καὶ τοὺς τῶν διθυράμβων [9], καὶ τοὺς ἄλλους, ὡς ἐνταῦθα ἐπ᾽ αὐτοφώρῳ [10] καταληψόμενος ἐμαυτὸν ἀμαθέστερον

1. Τὸ τοῦ θεοῦ περὶ πλείστου ποιεῖσθαι. Obéir à la volonté d'un Dieu, quoiqu'il en coûte, voilà une belle maxime dans un païen. Mais l'oracle ordonnait-il à Socrate d'aller importuner tous les plus sages des Athéniens l'un après l'autre, pour leur prouver qu'ils ne savaient rien ?

2. Νὴ τὸν κύνα, par le chien ! On dit que Socrate employait cette formule de serment, à l'imitation de Rhadamante, juge des enfers, qui, par respect pour la majesté des dieux, jurait par le chien, par l'oie, etc.

3. Ἦ μὴν ἔπαθόν τι τοιοῦτον, je jure que voilà ce qui m'arriva, tel fut le résultat de mes recherches. (Voyez p. 19, n. 5.) — Ἦ μήν, en vérité. Cette formule vient probablement de Phénicie; car, en hébreu, emen ou amen signifie vérité.

4. Τοῦ πλείστου ἐνδεής, fere in omni re inferior.

5. Ζητοῦντί μοι κατὰ τὸν θεόν, dum inquirerem responsi divini sensum.

6. Φαυλότεροι, viliores, minus sapientes. — Ἐπιεικέστεροι, ils me semblaient plus passables sous le rapport de la sagesse.

7. Τὴν ἐμὴν πλάνην, mes courses. — Πονοῦντος se rapporte à ἐμοῦ compris dans ἐμήν. (Synt., 67.) — Πόνους πονοῦντος, me livrant à des travaux. Le verbe neutre peut prendre à l'accusatif le nom de même origine que lui. (Synt., 112.)

8. Καὶ ἀνέλεγκτος, afin que la réponse ne fût pas seulement une réponse, mais une réponse trouvée véridique.

9. Διθυράμβων. Le dithyrambe était un poème lyrique dans le genre de l'ode, mais plus impétueux. Le poète, livré à son enthousiasme, s'affranchissait de la régularité de la mesure et du retour parallèle des strophes.

10. Ἐπ᾽ αὐτοφώρῳ, sur le fait.

ἐκείνων ὄντα. Ἀναλαμβάνων οὖν αὐτῶν τὰ ποιήματα,
ἅ μοι ἐδόκει μάλιστα πεπραγματεῦσθαι αὐτοῖς, διηρώτων ἂν¹ αὐτοὺς τί λέγοιεν², ἵν' ἅμα τι καὶ μανθάνοιμι
παρ' αὐτῶν. Αἰσχύνομαι οὖν ὑμῖν εἰπεῖν, ὦ ἄνδρες, τά-
ληθῆ· ὅμως δὲ ῥητέον. Ὡς ἔπος γὰρ εἰπεῖν, ὀλίγου³ αὐτῶν ἅπαντες οἱ παρόντες ἂν βέλτιον ἔλεγον περὶ ὧν
αὐτοὶ πεποιήκεσαν. Ἔγνων οὖν αὖ καὶ περὶ τῶν ποιη-
τῶν ἐν ὀλίγῳ⁴ τοῦτο, ὅτι οὐ σοφίᾳ ποιοῖεν ἃ ποιοῖεν,
ἀλλὰ φύσει τινί, καὶ ἐνθουσιάζοντες ὥσπερ οἱ θεομάν-
τεις καὶ οἱ χρησμῳδοί· καὶ γὰρ οὗτοι λέγουσι μὲν
πολλὰ καὶ καλά, ἴσασι δὲ οὐδὲν ὧν λέγουσι⁵. Τοιοῦτόν
τί μοι ἐφάνησαν πάθος καὶ οἱ ποιηταὶ πεπονθότες. Καὶ
ἅμα ᾐσθόμην αὐτῶν διὰ τὴν ποίησιν οἰομένων⁶ καὶ
τἄλλα σοφωτάτων εἶναι ἀνθρώπων, ἃ οὐκ ἦσαν. Ἀπῇα
οὖν καὶ ἐντεῦθεν, τῷ αὐτῷ οἰόμενος περιγεγονέναι,
ᾧπερ⁷ καὶ τῶν πολιτικῶν.

Cette expression se dit d'un voleur qu'on surprend en flagrant délit. Racine φὼρ, *fur*. — Πεπραγμα-τεῦσθαι, *être élaborés avec le plus de soin.* (Voyez c. V, n. 1.)

1. Διηρώτων ἄν. La particule ἄν marque ici la répétition : « J'allais les trouver et les interroger les uns après les autres. »

2. Τί λέγοιεν, *ce qu'ils voulaient dire dans leurs poèmes.*

3. Ὀλίγου pour ὀλίγου δεῖν, *presque.* — Οἱ παρόντες, *ceux qui étaient présents à nos entretiens.* — Βέλτιον αὐτῶν, ils parleraient mieux que les poètes des choses que les poètes mêmes avaient faites. — Περὶ ὧν, pour περὶ τούτων ἃ πεποιήκεσαν.

4. Ἐν ὀλίγῳ, sous-ent. χρόνῳ, *bref.* — Αὖ, *rursus.* — Φύσει

τινί, *par une certaine émotion naturelle.* — Ἐνθουσιάζοντες, *saisis d'une fureur et d'un enthousiasme poétique.*

5. Ἴσασι δὲ οὐδὲν ὧν λέγουσι. Ce jugement porté contre les poètes en général est bien sévère. Homère et Sophocle savaient fort bien ce qu'ils disaient, et ils exprimaient d'admirables pensées dans un langage magnifique. Les mêmes idées se retrouvent dans le dialogue de Platon intitulé *Ion.*

6. Ἠσθόμην αὐτῶν οἰομένων. (Synt., 214.) — Ἃ οὐκ ἦσαν σοφοί, *choses sur lesquelles ils n'étaient pas habiles.*

7. Τῷ αὐτῷ ᾧπερ, *croyant l'emporter sur les poètes de la même manière et par le même point que je l'emportais sur les politiques.*

CHAPITRE VIII

ARGUMENT. Enfin il a visité les artisans. Ils savent faire de beaux ouvrages; mais parce qu'ils sont habiles dans leur métier, ils croient s'entendre aux questions les plus élevées.

Τελευτῶν[1] οὖν ἐπὶ τοὺς χειροτέχνας ᾖα · ἐμαυτῷ γὰρ ξυνῄδειν οὐδὲν ἐπισταμένῳ[2], ὡς ἔπος εἰπεῖν, τούτους δέ γ' ᾔδειν ὅτι εὑρήσοιμι πολλὰ καὶ καλὰ ἐπισταμένους. Καὶ τούτου μὲν οὐκ ἐψεύσθην, ἀλλ' ἠπίσταντο[3] ἃ ἐγὼ οὐκ ἠπιστάμην, καί μου ταύτῃ σοφώτεροι ἦσαν. Ἀλλ', ὦ ἄνδρες Ἀθηναῖοι, ταὐτόν μοι ἔδοξαν ἔχειν ἁμάρτημα[4], ὅπερ καὶ οἱ ποιηταὶ, καὶ οἱ ἀγαθοὶ δημιουργοί · διὰ τὸ τὴν τέχνην καλῶς ἐξεργάζεσθαι, ἕκαστος ἠξίου καὶ τἆλλα τὰ μέγιστα σοφώτατος εἶναι, καὶ αὐτῶν αὕτη ἡ πλημμέλεια ἐκείνην τὴν σοφίαν ἀπέκρυπτεν[5] · ὥστ' ἐμὲ ἐμαυτὸν ἀνερωτᾶν ὑπὲρ τοῦ χρησμοῦ, πότερα δεξαίμην ἂν οὕτως, ὥσπερ ἔχω, ἔχειν[6], μήτε τι

1. Τελευτῶν, *enfin, je finis par aller vers les artisans.* (Synt., 331.)

2. Ἐμαυτῷ ξυνῄδειν οὐδὲν ἐπισταμένῳ. (Voyez c. VI, n. 1, et Synt., 215.)

3. Τούτου μὲν οὐκ ἐψεύσθην, ἀλλ' ἠπίσταντο, *en cela je ne fus pas trompé, il savaient.* Ἀλλά n'est point ici adversatif, il met seulement en relation les deux membres de phrases, comme s'il y avait ἠπίσταντο δέ.

4. Ταὐτὸν ἁμάρτημα pour τὸ αὐτὸ ἁμάρτημα. — Οἱ αγαθοὶ δη-μιουργοί, est le sujet de ἔδοξαν. — Καί, *etiam.*

5. Ἕκαστος ἠξίου. Parce qu'ils exécutaient bien les choses de leur art, chacun d'eux prétendait qu'il savait aussi parfaitement les choses les plus importantes; et ce tort obscurcissait et annulait l'autre sagesse qu'ils possédaient. Il en est encore ainsi de nos jours : souvent un simple ouvrier s'imagine être capable de gouverner l'État.

6. Πότερα δεξαίμην. Je me demandais si j'accepterais d'être

σοφὸς ὢν τὴν ἐκείνων σοφίαν, μήτε ἀμαθὴς τὴν ἀμαθίαν, ἢ ἀμφότερα ἃ ἐκεῖνοι ἔχουσιν ἔχειν[1]. Ἀπεκρινά-
μην οὖν ἐμαυτῷ καὶ τῷ χρησμῷ ὅτι μοι λυσιτελοῖ,
ὥσπερ ἔχω, ἔχειν.

CHAPITRE IX

Ἐκ ταυτησὶ δὴ τῆς ἐξετάσεως, ὦ ἄνδρες Ἀθηναῖοι,
πολλαὶ μὲν ἀπέχθειαί μοι γεγόνασι καὶ οἷαι χαλεπώταται[2] καὶ βαρύταται, ὥστε πολλὰς διαβολὰς ἀπ' αὐτῶν γεγονέναι, ὄνομα δὲ τοῦτο λέγεσθαι, σοφὸς εἶναι[3].
Οἴονται γάρ με ἑκάστοτε οἱ παρόντες ταῦτα αὐτὸν[4]
εἶναι σοφόν, ἃ ἂν ἄλλον ἐξελέγξω · τὸ δὲ[5] κινδυνεύει, ὦ
ἄνδρες Ἀθηναῖοι, τῷ ὄντι ὁ θεὸς σοφὸς εἶναι, καὶ ἐν τῷ

comme j'étais, n'ayant ni leur sagesse ni leur ignorance, ou bien
d'avoir, comme eux, l'une et l'autre.—Ὥσπερ ἔχω ἔχειν, être comme
je suis. (Synt., 316.)
1. Ἔχειν. Ce second ἔχειν a pour
régime ἀμφότερα, i. e. σοφίαν et
ἀμαθίαν. — Ἐκεῖνοι, ce sont les
politiques, les poètes et les artisans.
2. Ἀπέχθειαι οἷαι χαλεπώτα-
ται. C'est comme s'il y avait γεγόνασι μοι ἀπέχθειαι τοιαῦται, οἷαι
εἰσιν αἱ χαλεπώταται. (Synt., 296.)
3. Σοφὸς εἶναι, on attendait
σοφὸν εἶναι. Platon a mis le nominatif parce que l'on répétait dans

Athènes : Σωκράτης ἐστὶ σοφός, et
pour faire de cette parole une
phrase complétive, il a simplement
changé ἐστι en εἶναι.
4. Οἱ παρόντες, ceux qui sont
présents à nos discussions. Ils croient
que je sais moi-même les choses,
que je convaincs un autre de ne pas
savoir. Joignez αὐτόν à με.
5. Τὸ δέ peut se traduire par :
« mais voici ce qui est. » Plusieurs supposent que c'est une abré-
viation de τὸ δὲ ἀληθές, mais ce
qui est vrai, c'est que. — Κινδυνεύει, videtur. (Voyez p. 17, n. 1, et
Synt., 317.)

χρησμῷ τούτῳ τοῦτο λέγειν, ὅτι ἡ ἀνθρωπίνη σοφία ὀλίγου τινὸς ἀξία ἐστὶ καὶ οὐδενός [1] · καὶ φαίνεται τοῦτ' οὐ λέγειν τὸν Σωκράτην [2], προσκεχρῆσθαι δὲ τῷ ἐμῷ ὀνόματι, ἐμὲ παράδειγμα ποιούμενος, ὥσπερ ἂν εἰ εἴποι ὅτι · Οὗτος ὑμῶν [3], ὦ ἄνθρωποι, σοφώτατός ἐστιν, ὅστις, ὥσπερ Σωκράτης, ἔγνωκεν ὅτι οὐδενὸς ἄξιός ἐστι τῇ ἀληθείᾳ πρὸς σοφίαν. Ταῦτ' οὖν ἐγὼ μὲν ἔτι καὶ νῦν περιϊὼν ζητῶ καὶ ἐρευνῶ κατὰ τὸν θεόν, καὶ τῶν ἀστῶν καὶ τῶν ξένων ἄν τινα οἴωμαι σοφὸν εἶναι · καὶ ἐπειδάν μοι μὴ δοκῇ, τῷ θεῷ βοηθῶν [4] ἐνδείκνυμαι ὅτι οὐκ ἔστι σοφός. Καὶ ὑπὸ ταύτης τῆς ἀσχολίας, οὔτε τι τῶν τῆς πόλεως πρᾶξαί μοι σχολὴ γέγονεν ἄξιον λόγου, οὔτε τῶν οἰκείων, ἀλλ' ἐν πενίᾳ μυρίᾳ [5] εἰμὶ διὰ τὴν τοῦ θεοῦ λατρείαν.

1. Ἡ ἀνθρωπίνη σοφία, la sagesse humaine est digne de peu de valeur ou même de rien.

2. Λέγειν τινά τι, dire quelque chose de quelqu'un. (Synt., 95.) Donc οὐ λέγει τοῦτο τὸν Σωκράτην signifie : l'oracle ne dit pas cela de Socrate (savoir qu'il est sage).

3. Οὗτος ὑμῶν. Construisez : οὗτος σοφώτατός ἐστιν ὑμῶν.

4. Τῷ θεῷ βοηθῶν, me faisant l'auxiliaire du dieu, je montre que cet homme qui passe pour être sage ne l'est pas. C'était là une singulière mission que Socrate s'était donnée : il n'est pas étonnant qu'elle lui ait fait tant d'ennemis irréconciliables. Ce plaidoyer même n'était pas de nature à les apaiser. En effet, aller trouver dans leurs maisons des hommes estimés du public et s'efforcer de leur prouver, en présence de témoins, qu'ils ne sont ni savants ni sages, quoiqu'ils le pensent, n'est-ce pas être un fâcheux plutôt qu'un véritable philosophe? Sans doute ce n'était pas là un crime qui méritât la ciguë; mais Socrate irritait des haines qui devaient éclater un jour.

5. Ἐν πενίᾳ μυρίᾳ. Dans l'Économique de Xénophon (II, 3), Socrate dit qu'il pourrait vendre sa maison et tout ce qu'il possède pour cinq mines, environ 450 francs.

CHAPITRE X

ARGUMENT. En outre, quelques jeunes Athéniens qui se sont attachés à
lui prennent plaisir à l'imiter : ils montrent l'ignorance de plusieurs
qui se croient sages. De là contre Socrate l'accusation de pervertir la
jeunesse.

Πρὸς δὲ τούτοις, οἱ νέοι μοι ἐπακολουθοῦντες [1], οἷς
μάλιστα σχολή ἐστιν, οἱ τῶν πλουσιωτάτων, αὐτόματοι, χαίρουσιν ἀκούοντες ἐξεταζομένων τῶν ἀνθρώπων [2],
καὶ αὐτοὶ πολλάκις ἐμὲ μιμοῦνται, εἶτα ἐπιχειροῦσιν
ἄλλους ἐξετάζειν · κἄπειτα, οἶμαι, εὑρίσκουσι πολλὴν
ἀφθονίαν οἰομένων μὲν εἰδέναι τι ἀνθρώπων, εἰδότων
δὲ ἢ ὀλίγα ἢ οὐδέν. Ἐντεῦθεν οὖν οἱ ὑπ' αὐτῶν ἐξετα-
ζόμενοι ἐμοὶ ὀργίζονται, οὐχ αὑτοῖς [3], καὶ λέγουσιν ὡς
Σωκράτης τίς ἐστι μιαρώτατος, καὶ διαφθείρει [4] τοὺς
νέους. Καὶ ἐπειδάν τις αὐτοὺς ἐρωτᾷ ὅ τι ποιῶν [5] καὶ
ὅ τι διδάσκων, ἔχουσι μὲν οὐδὲν εἰπεῖν, ἀλλ' ἀγνοοῦ-
σιν · ἵνα δὲ μὴ δοκῶσιν ἀπορεῖν, τὰ κατὰ πάντων τῶν
φιλοσοφούντων πρόχειρα ταῦτα λέγουσιν [6], ὅτι τὰ με-

1. Οἱ νέοι μοι ἐπακολουθοῦντες.
Platon ne répète pas l'article devant ἐπακολουθοῦντες. Cette répétition n'est donc pas toujours
nécessaire quand l'adjectif est mis
après le nom. — Note *f*.

2. Χαίρουσιν ἀκούοντες ἐξεταζομένων τῶν ἀνθρώπων, *ils prennent plaisir à entendre examiner
les hommes et discuter leur science.*

3. Οὐχ αὑτοῖς, *non sibi ipsis*,
au lieu de s'indigner contre eux-

mêmes et de se reprocher leur ignorance.

4. Διαφθείρει; *il pervertit les
jeunes gens*, il en fait des orgueilleux,
des disputeurs et des censeurs in-
supportables.

5. Avec ὅ τι ποιῶν on sous-entend
le verbe διαφθείρει, qui vient d'être
prononcé.

6. Τὰ πρόχειρα, *quæ in promptu
sunt, jactanda adversus omnes qui
philosophiæ student.*

τέωρα καὶ τὰ ὑπὸ γῆς[1], καὶ θεοὺς μὴ νομίζειν, καὶ τὸν
ἥττω λόγον κρείττω ποιεῖν. Τὰ γὰρ ἀληθῆ, οἶμαι, οὐκ
ἂν ἐθέλοιεν λέγειν, ὅτι κατάδηλοι γίγνονται προσποιού-
μενοι μὲν εἰδέναι, εἰδότες δὲ οὐδέν. Ἅτε οὖν, οἶμαι,
φιλότιμοι ὄντες, καὶ σφοδροὶ[2], καὶ πολλοί, καὶ ξυντε-
ταγμένως[3] καὶ πιθανῶς λέγοντες περὶ ἐμοῦ, ἐμπεπλή-
κασιν ὑμῶν τὰ ὦτα, καὶ πάλαι καὶ σφοδρῶς διαβάλλοντες. Ἐκ τούτων[4] καὶ Μέλητός μοι ἐπέθετο, καὶ
Ἄνυτος, καὶ Λύκων· Μέλητος[5] μὲν ὑπὲρ τῶν ποιη-
τῶν ἀχθόμενος, Ἄνυτος δὲ ὑπὲρ τῶν δημιουργῶν καὶ
τῶν πολιτικῶν, Λύκων δὲ ὑπὲρ τῶν ῥητόρων. Ὥστε,
ὅπερ ἀρχόμενος[6] ἐγὼ ἔλεγον, θαυμάζοιμ᾽ ἂν εἰ οἷός

1. Τὰ μετέωρα καὶ τὰ ὑπὸ γῆς,
sous-entendu ζητεῖ. Ce sont des
bouts de phrase comme on en jette
dans la conversation; on entend
répéter partout ces mots contre les
sophistes. — Θεοὺς μὴ νομίζειν.
D'où venait cette accusation? De
ce que les philosophes expliquaient
un grand nombre de phénomènes
par les lois physiques, sans l'intervention des dieux. — Τὸν ἥττω
λόγον κρείττω ποιεῖν. Par les subtilités de leur dialectique, les sophistes établissaient le faux, et
embarrassaient ceux qui avaient
raison. C'était au fond le principal
reproche que faisaient à Socrate
tous ceux qu'il avait réduits au
silence.

2. Σφοδροί, actifs, ardents.

3. Συντεταγμένως, ex composito,
pour ainsi dire en bataillon rangé,
c'est-à-dire se liguant ensemble et
parlant contre moi d'après un plan
concerté.

4. Ἐκ τούτων, ex his hominibus. « Ils me détachent Mélitus,
Anytus et Lycon. » (Cousin.) —

Ἐπέθετο, invectus est in me, ador-
tus est me.

5. Μέλητος, Ἄνυτος, Λύκων.
Anytus, d'Athènes, était un tan-
neur devenu très riche par son industrie. Plaisanté, dit-on, par Socrate sur son métier et sur l'origine de sa fortune, il en conçut un
violent dépit, et il détermina, à prix
d'argent, Mélitus à porter contre
le philosophe une accusation d'impiété. — Mélitus, originaire de
Thrace, était un poète sans ta-
lent, auteur de mauvaises tragédies; l'une, qui avait pour titre
Œdipe, lui fit donner le sobriquet
de Fils de Laïus. Il avait aussi à
se plaindre des bons mots de Socrate, qui n'épargnait pas les poètes.
— Pour Lycon, c'était un rhéteur
et l'un des orateurs publics que So-
lon avait institués pour proposer
les lois. On voit par le début de
cette apologie que Socrate estimait
peu leur éloquence. Ce fut Lycon
qui dirigea la procédure.

6. Ἀρχόμενος, τὴν διαβολήν.
(Voyez p. 10, n. 7.)

τ' εἴην ἐγὼ ὑμῶν ταύτην τὴν διαβολὴν ἐξελέσθαι ἐν
οὕτως ὀλίγῳ χρόνῳ, οὕτω πολλὴν γεγονυῖαν. Ταῦτ' ἔστιν
ὑμῖν, ὦ ἄνδρες Ἀθηναῖοι, τἀληθῆ, καὶ ὑμᾶς οὔτε
μέγα οὔτε σμικρὸν ἀποκρυψάμενος ἐγὼ λέγω, οὐδ' ὑποστειλάμενος [1]. Καί τοι οἶδα σχεδὸν ὅτι τοῖς αὐτοῖς
ἀπεχθάνομαι [2]. Ὃ καὶ τεκμήριον ὅτι τἀληθῆ λέγω,
καὶ ὅτι αὕτη ἐστὶν ἡ διαβολὴ ἡ ἐμὴ [3], καὶ τὰ αἴτια
ταῦτά ἐστι. Καὶ ἐάν τε νῦν, ἐάν τε αὖθις ζητήσητε
ταῦτα, οὕτως εὑρήσετε.

CHAPITRE XI

ARGUMENT. Après avoir essayé de dissiper les calomnies répandues
contre lui, il passe maintenant à ses nouveaux accusateurs. Il ré-
sume leur acte d'accusation, et il va répondre à chaque grief.

Περὶ μὲν οὖν ὧν οἱ πρῶτοί μου κατήγοροι κατηγόρουν [4], αὕτη ἔστω ἱκανὴ ἀπολογία πρὸς ὑμᾶς. Πρὸς δὲ
Μέλητον, τὸν ἀγαθόν τε καὶ φιλόπολιν, ὥς φησι [5], καὶ

1. Ὑποστειλάμενος, n'ayant rien
diminué, dissimulé. — Note g.
2. Τοῖς αὐτοῖς ἀπεχθάνομαι.
Et cependant je crois bien que
je déplais encore aux mêmes per-
sonnes.
3. Αὕτη ἐστὶν ἡ διαβολὴ ἡ ἐμή,
telles sont les causes de la calomnie
répandue contre moi. — Τὰ αἴτια,
les causes de leur haine sont celles
que je viens d'exposer. Ce chapitre

est excellent.
4. Περὶ μὲν οὖν μου κατηγόρουν,
pour περὶ μὲν τούτων ἃ κατηγόρουν μου. (Synt., 114.) — Οἱ πρῶτοι
κατήγοροι, ses premiers accusateurs sont ceux qui ont répandu
contre lui des calomnies depuis tant
d'années.
5. Τὸν ἀγαθόν τε καὶ φιλόπολιν,
ὥς φησι, cet homme honnête et dé-
voué à sa patrie, dit-il. Ironie.

τοὺς ὑστέρους¹, μετὰ ταῦτα πειράσομαι ἀπολογήσασθαι. Αὖθις γὰρ δή, ὥσπερ ἑτέρων τούτων ὄντων κατη-
γόρων², λάβωμεν αὖ τὴν τούτων ἀντωμοσίαν³. Ἔχει
δέ πως ὧδε · ΣΩΚΡΑΤΗ ΦΗΣΙΝ ΑΔΙΚΕΙΝ,
ΤΟΥΣ ΤΕ ΝΕΟΥΣ ΔΙΑΦΘΕΙΡΟΝΤΑ, ΚΑΙ
ΘΕΟΥΣ, ΟΥΣ Η ΠΟΛΙΣ ΝΟΜΙΖΕΙ, ΟΥ ΝΟ-
ΜΙΖΟΝΤΑ, ΕΤΕΡΑ ΔΕ ΔΑΙΜΟΝΙΑ ΚΑΙΝΑ.
Τὸ μὲν δὴ ἔγκλημα τοιοῦτόν ἐστι · τούτου δὲ τοῦ
ἐγκλήματος ἓν ἕκαστον⁴ ἐξετάσωμεν. Φησὶ γὰρ δὴ
τοὺς νέους ἀδικεῖν με διαφθείροντα. Ἐγὼ δέ γε, ὦ
ἄνδρες Ἀθηναῖοι, ἀδικεῖν φημὶ Μέλητον, ὅτι σπουδῇ
χαριεντίζεται⁵, ῥᾳδίως εἰς ἀγῶνας καθιστὰς ἀνθρώ-
πους⁶, περὶ πραγμάτων προσποιούμενος σπουδάζειν καὶ
κήδεσθαι ὧν οὐδὲν τούτῳ πώποτε ἐμέλησεν⁷. Ὡς δὲ
τοῦτο οὕτως ἔχει, πειράσομαι καὶ ὑμῖν ἐπιδεῖξαι.

1. Τοὺς ὑστέρους, ses derniers accusateurs sont ceux qui le citent maintenant en justice.

2. Ἑτέρων τούτων ὄντων κατηγόρων, ceux-ci étant de nouveaux accusateurs. — Αὖ, rursus, comme nous avons fait pour les premiers.

3. Ἀντωμοσίαν. (Voyez p. 12, n. 1.) Diogène Laerce donne l'acte d'accusation tel qu'il était conservé de son temps (IIᵉ siècle ap. J.-C.), selon le témoignage de Phavorinus, dans le temple de Cybèle, qui servait de greffe aux Athéniens. Voici cet acte : Τάδε ἐγράψατο καὶ ἀντωμόσατο Μέλητος Μελήτου Πιτθεὺς Σωκράτει Σωφρονίσκου Ἀλωπεκῆθεν · ἀδικεῖ Σωκράτης,

οὓς μὲν ἡ πόλις νομίζει θεοὺς οὐ νομίζων, ἕτερα δὲ καινὰ δαιμόνια εἰσηγούμενος· ἀδικεῖ δὲ καὶ τοὺς νέους διαφθείρων. Τίμημα θάνατος. (Diog., II, 40.)

4. Ἓν ἕκαστον, singula, chaque point en particulier.

5. Σπουδῇ χαριεντίζεται, il plaisante sérieusement, il se fait un jeu de choses très sérieuses.

6. Ῥᾳδίως εἰς ἀγῶνας καθιστὰς ἀνθρώπους, traînant de gaieté de cœur des citoyens devant les tribunaux.

7. Προσποιούμενος, faisant semblant de s'intéresser à des choses dont il ne s'est jamais occupé.

CHAPITRE XII

ARGUMENT. Mélitus accuse Socrate de pervertir la jeunesse. Mais sait-il lui-même ce que c'est qu'instruire les jeunes gens et comment on les rend meilleurs?

Καί μοι δεῦρο[1], ὦ Μέλητε, εἰπέ · « Ἄλλο τι ἢ περὶ πολλοῦ ποιεῖ[2] ὅπως ὡς βέλτιστοι οἱ νεώτεροι ἔσονται[3];

— Ἔγωγε[4].

— Ἴθι δὴ νῦν εἰπὲ τούτοις, τίς αὐτοὺς βελτίους ποιεῖ; δῆλον γὰρ ὅτι οἶσθα, μέλον γέ σοι[5]. Τὸν μὲν γὰρ διαφθείροντα ἐξευρών, ὡς φής, ἐμὲ εἰσάγεις τουτοισὶ[6] καὶ κατηγορεῖς · τὸν δὲ δὴ βελτίους ποιοῦντα ἴθι εἰπὲ καὶ μήνυσον αὐτοῖς τίς ἐστιν. Ὁρᾷς, ὦ Μέλητε, ὅτι σιγᾷς καὶ οὐκ ἔχεις εἰπεῖν[7]; Καίτοι οὐκ αἰσ-

---

1. Δεῦρο, or çà! Joignez εἰπέ μοι.

2. Ἄλλο τι; avec ἄλλο τι et τί ἄλλο, on sous-entend souvent ποιέω. Traduisez donc comme s'il y avait: ἄλλο τι ποιεῖ, ἢ περὶ πολλοῦ ποιεῖ, fais-tu autre chose que d'estimer beaucoup la manière de rendre les jeunes gens meilleurs. (Synt., 265.) — Ποιεῖ, forme attique pour ποιῇ.

3. Ὅπως ἔσονται. Avec ὅπως, on met le subjonctif ou le futur.

4. Ἔγωγε, sous-entendu τοῦτο περὶ πολλοῦ ποιοῦμαι. — Ἴθι, allons! eh bien!

5. Μέλον γε, quoniam id tibi curæ est. On peut mettre au nominatif absolu le participe neutre des verbes impersonnels. (Synt., 152.)

6. Τουτοισὶ, il désigne les juges.

7. Οὐκ ἔχεις εἰπεῖν. Ἔχω, avec l'infinitif, signifie pouvoir. (Synt., 316.)

χρόν σοι δοκεῖ εἶναι καὶ ἱκανὸν τεκμήριον οὗ δὴ ἐγὼ λέγω[1], ὅτι σοι οὐδὲν μεμέληκεν; Ἀλλ᾽ εἰπὲ, ὦ ᾽γαθὲ, τίς αὐτοὺς ἀμείνους ποιεῖ;

— Οἱ νόμοι.

— Ἀλλ᾽ οὐ τοῦτο ἐρωτῶ, ὦ βέλτιστε, ἀλλὰ τίς ἄνθρωπος; ὅστις πρῶτον καὶ αὐτὸ τοῦτο οἶδε[2], τοὺς νόμους.

— Οὗτοι, ὦ Σώκρατες, οἱ δικασταί.

— Πῶς λέγεις, ὦ Μέλητε; οἵδε τοὺς νέους παιδεύειν οἷοί τέ εἰσι καὶ βελτίους ποιεῖν;

— Μάλιστα.

— Πότερον ἅπαντες, ἢ οἱ μὲν αὐτῶν, οἱ δ᾽ οὔ;

— Ἅπαντες.

— Εὖ γε, νὴ τὴν Ἥραν, λέγεις, καὶ πολλὴν ἀφθονίαν τῶν ὠφελούντων[3]. Τί δαὶ δή; Οἶδε οἱ ἀκροαταὶ βελτίους ποιοῦσιν, ἢ οὔ;

— Καὶ οὗτοι.

— Τί δαὶ οἱ βουλευταί[4];

— Καὶ οἱ βουλευταί.

— Ἀλλ᾽ ἄρα, ὦ Μέλητε, μὴ οἱ ἐν τῇ ἐκκλησίᾳ, οἱ ἐκκλησιασταὶ, διαφθείρουσι τοὺς νεωτέρους; ἢ κἀκεῖνοι βελτίους ποιοῦσιν ἅπαντες;

— Κἀκεῖνοι.

— Πάντες ἄρα, ὡς ἔοικεν, Ἀθηναῖοι καλοὺς κἀγαθοὺς ποιοῦσι, πλὴν ἐμοῦ, ἐγὼ δὲ μόνος διαφθείρω. Οὕτω λέγεις;

1. Τεκμήριον οὗ λέγω, c'est-à-dire τεκμήριον τούτου ὃ λέγω. Attraction du pronom conjonctif au cas de l'antécédent. (Synt., 76.)

2. Ὅστις πρῶτον οἶδε, car la première chose qu'un tel homme doit connaître, ce sont les lois.

3. Πολλὴν ἀφθονίαν τῶν ὠφελούντων. Nous avons vu que le nombre des juges de Socrate était de 556 ou 559.

4. βουλευταί, les *sénateurs*.

— Πάνυ σφόδρα ταῦτα λέγω.

— Πολλήν γ᾽ ἐμοῦ κατέγνωκας δυστυχίαν [1]. »

Καί μοι ἀπόκριναι · ἢ καὶ περὶ ἵππους οὕτω σοι δοκεῖ ἔχειν; οἱ μὲν βελτίους ποιοῦντες αὐτοὺς ἅπαντες ἄνθρωποι εἶναι [2], εἷς δέ τις ὁ διαφθείρων; ἢ τοὐναντίον τούτου πᾶν, εἷς μέν τις ὁ βελτίους οἷός τ᾽ ὢν ποιεῖν, ἢ πάνυ ὀλίγοι, οἱ ἱππικοί · οἱ δὲ πολλοί, ἐάνπερ ξυνῶσι [3] καὶ χρῶνται ἵπποις, διαφθείρουσιν; Οὐχ οὕτως ἔχει, ὦ Μέλητε, καὶ περὶ ἵππων καὶ τῶν ἄλλων ἁπάντων ζῴων; Πάντως δήπου, ἐάν τε σὺ καὶ Ἄνυτος οὐ φῆτε, ἐάν τε φῆτε [4] · πολλὴ γὰρ ἄν τις εὐδαιμονία εἴη περὶ τοὺς νέους, εἰ εἷς μὲν μόνος αὐτοὺς διαφθείρει, οἱ δ᾽ ἄλλοι ὠφελοῦσιν. Ἀλλὰ γάρ, ὦ Μέλητε, ἱκανῶς ἐπιδείκνυσαι ὅτι οὐδεπώποτε ἐφρόντισας τῶν νέων [5], καὶ σαφῶς ἀποφαίνεις τὴν σαυτοῦ ἀμέλειαν, ὅτι οὐδέν σοι μεμέληκε περὶ ὧν ἐμὲ εἰσάγεις [6].

1. Πολλὴν ἐμοῦ κατέγνωκας δυστυχίαν, *tu as prononcé contre moi un grand malheur,* tu me condamnes à être bien malheureux, tu déclares que je joue de malheur.

2. Εἶναι. Avec εἶναι sous-entendez δοκοῦσι. De même, avec εἷς μέν τις, sous-entendez δοκεῖ. — Ἢ πάνυ ὀλίγοι δοκοῦσι, c'est-à-dire οἱ ἱππικοὶ δοκοῦσι.

3. Ἐάνπερ ξυνῶσι, *s'ils se mêlent de cela.* Σύνειμι signifie souvent être livré à une occupation. Horace dit dans le même sens : *Totus in hoc sum.*

4. Ἐάν οὐ φῆτε, ἐάν τε φῆτε, *que vous disiez oui ou non.* Οὐ φημί signifie *nego.* (Synt., 196.) Οὐ φημί forme un composé néga-

tif; c'est pour cela que οὐ ne s'est pas changé en μὴ après ἐάν.

5. Οὐδεπώποτε ἐφρόντισας τῶν νέων, *nunquam habuisti curam juvenum.* Φροντίζω, avec le génitif, signifie *s'occuper de, prendre soin de.*

6. Οὐδέν σοι μεμέληκε περὶ ὧν ἐμὲ εἰσάγεις, c'est-à-dire οὐδὲν μεμέληκέ σοι τούτων περὶ ὧν ἐμὲ εἰσάγεις, *jamais tu ne t'es occupé des choses pour lesquelles tu me fais comparaître en justice.* — Tout ce dialogue est fort habilement conduit. Mélitus, adroitement interrogé par Socrate, est forcé à donner des réponses qui le confondent. Mais tout cela semble un peu arrangé par Platon.

CHAPITRE XIII

ARGUMENT. On l'accuse de corrompre la jeunesse. Il répond que c'est faux, parce qu'il ferait une chose insensée et nuisible à lui-même.

Ἔτι δὲ ἡμῖν εἰπὲ, ὦ, πρὸς Διὸς, Μέλητε, πότερόν ἐστιν οἰκεῖν ἄμεινον ἐν πολίταις χρηστοῖς, ἢ πονηροῖς; « Ὦ 'τάν[1], ἀπόκριναι· οὐδὲν γάρ τοι χαλεπὸν ἐρωτῶ. Οὐχ οἱ μὲν πονηροὶ κακόν τι ἐργάζονται τοὺς ἀεὶ ἐγγυτάτω ἑαυτῶν ὄντας, οἱ δ' ἀγαθοὶ ἀγαθόν τι;

— Πάνυ γε.

— Ἔστιν οὖν ὅστις βούλεται ὑπὸ τῶν ξυνόντων βλάπτεσθαι μᾶλλον ἢ ὠφελεῖσθαι; Ἀπόκριναι, ὦ 'γαθέ· καὶ γὰρ ὁ νόμος κελεύει ἀποκρίνεσθαι[2]. Ἔσθ' ὅστις βούλεται βλάπτεσθαι;

— Οὐ δῆτα.

— Φέρε δὴ, πότερον ἐμὲ εἰσάγεις δεῦρο, ὡς διαφθείροντα τοὺς νέους καὶ πονηροτέρους ποιοῦντα ἑκόντα ἢ ἄκοντα;

— Ἑκόντα ἔγωγε.

— Τί δῆτα, ὦ Μέλητε; τοσοῦτον σὺ ἐμοῦ σοφώ-

---

1. Ὁ 'τάν, amice. Ὦ 'τάν est mis pour ὦ ἔταν, et ἔταν vient de ἔτης, ου, compagnon, camarade; vocatif ἔτα et avec ν euphonique ἔταν. D'après une loi d'Athènes, chaque partie, dans un procès, était tenue de répondre aux questions de la partie adverse.

2. Ὁ νόμος κελεύει ἀποκρίνεσθαι. Démosthènes affirme de même qu'une loi d'Athènes ordonnait à chacun des plaideurs de répondre aux questions que lui adressait son adversaire : τοῖν ἀντιδίκοιν ἐπάναγκες εἶναι ἀποκρίνασθαι ἀλλήλοις τὸ ἐρωτώμενον. (Pro Cor.)

τερος εἶ[1] τηλικούτου ὄντος τηλικόσδε ὤν, ὥστε σὺ μὲν
ἔγνωκας ὅτι οἱ μὲν κακοὶ κακόν τι ἐργάζονται ἀεὶ τοὺς
μάλιστα πλησίον ἑαυτῶν, οἱ δὲ ἀγαθοὶ ἀγαθόν; ἐγὼ
δὲ δὴ εἰς τοσοῦτον ἀμαθίας ἥκω, ὥστε καὶ τοῦτ' ἀγνοῶ,
ὅτι, ἐάν τινα μοχθηρὸν ποιήσω τῶν ξυνόντων, κινδυ-
νεύσω κακόν τι λαβεῖν ἀπ' αὐτοῦ, ὥστε τοῦτο τὸ τοσοῦτον κακὸν ἑκὼν ποιῶ, ὡς φῂς σύ; Ταῦτα ἐγώ σοι
οὐ πείθομαι[2], ὦ Μέλητε, οἶμαι δὲ οὐδὲ ἄλλον ἀνθρώπων
οὐδένα · ἀλλ' ἢ οὐ διαφθείρω, ἤ, εἰ διαφθείρω, ἄκων ·
ὥστε σύ γε κατ' ἀμφότερα ψεύδει[3]. Εἰ δὲ ἄκων διαφθείρω, τῶν τοιούτων καὶ ἀκουσίων ἁμαρτημάτων οὐ
δεῦρο νόμος εἰσάγειν ἐστὶν[4], ἀλλ' ἰδίᾳ λαβόντα[5] διδάσκειν καὶ νουθετεῖν · δῆλον γὰρ ὅτι, ἐὰν μάθω, παύσομαι[6] ὅ γε ἄκων ποιῶ. Σὺ δὲ ξυγγενέσθαι μέν μοι καὶ
διδάξαι ἔφυγες καὶ οὐκ ἠθέλησας · δεῦρο δὲ εἰσάγεις,
οἷ[7] νόμος ἐστὶν εἰσάγειν τοὺς κολάσεως δεομένους,
ἀλλ' οὐ μαθήσεως. »

1. Τοσοῦτον ἐμοῦ σοφώτερος
εἶ ὥστε... tu me surpasses donc en
sagesse à un tel point que toi tu
sais bien que les méchants font toujours du mal à leurs voisins, tandis que moi je suis assez ignorant
pour ne pas savoir qu'en rendant
méchant un de ceux qui vivent avec
moi, je m'expose à en recevoir du
mal. — Τηλικούτου τηλικόσδε.
Socrate avait 70 ans et Mélitus était
encore jeune. — Κακόν τι ἐργάζονται τοὺς, double accusatif.(Synt., 95.)
— Ἥκω, vent. Le présent de ἥκω
a le sens du passé. (Synt., 830.)

2. Ταῦτα σοι οὐ πείθομαι, en
cela je ne te crois point, je ne suis
point convaincu de cela par toi. —

Οὐδένα, ajoutez ταῦτα σοι πεί-
θεσθαι.

3. Ψεύδει. 2ᵉ personne attique
pour ψεύδῃ. — Note h.

4. Construisez οὐκ ἔστι νόμος
εἰσάγειν δεῦρο. — Τῶν τοιούτων
ἁμαρτημάτων. Le verbe εἰσάγω,
étant synonyme de διώκω, prend
au génitif le nom de la chose pour
laquelle on poursuit. (Synt., 103.)

5. Ἀλλ' ἰδίᾳ λαβόντα, sous-
entendez νόμος, non dans le sens
de loi, mais avec la signification
d'usage.

6. Παύσομαι, sous-entendez
ποιῶν.

7. Οἷ, eo quo, adverbe de lieu
qui marque le mouvement. —

CHAPITRE XIV

ARGUMENT. Mélitus prétend que Socrate nie l'existence des dieux, non seulement de ceux qu'honore Athènes, mais de toute divinité. Mais l'accusateur se contredit lui-même.

Ἀλλὰ γὰρ, ὦ ἄνδρες Ἀθηναῖοι, τοῦτο μὲν δῆλον ἤδη ἐστὶν, ὃ ἐγὼ ἔλεγον, ὅτι Μελήτῳ τούτων οὔτε μέγα οὔτε σμικρὸν πώποτε ἐμέλησεν. « Ὅμως δὲ δὴ λέγε ἡμῖν· πῶς με φῂς διαφθείρειν, ὦ Μέλητε, τοὺς νεωτέρους; ἢ δῆλον δὴ ὅτι [1], κατὰ τὴν γραφὴν ἣν ἐγράψω, θεοὺς διδάσκοντα μὴ νομίζειν, οὓς ἡ πόλις νομίζει, ἕτερα δὲ δαιμόνια καινά; Οὐ ταῦτα λέγεις ὅτι διδάσκων διαφθείρω;

— Πάνυ μὲν οὖν σφόδρα ταῦτα λέγω.

— Πρὸς αὐτῶν τοίνυν, ὦ Μέλητε, τούτων τῶν θεῶν, ὧν νῦν ὁ λόγος ἐστὶν, εἰπὲ ἔτι σαφέστερον [2] καὶ ἐμοὶ καὶ τοῖς ἀνδράσι τουτοισί. Ἐγὼ γὰρ οὐ δύναμαι

Voici l'argument de Socrate : « Aucun homme ne commet volontairement une action insensée. Or pervertir les autres hommes est une action insensée. Donc je ne pervertis pas la jeunesse, ou du moins, si je le fais, je ne le fais pas volontairement, mais par ignorance ou maladresse. » Ce raisonnement est un pur sophisme. Car il est évident qu'une foule d'hommes vicieux et emportés par leurs passions font volontairement des choses insensées et très funestes à eux-mêmes. Comment le divin Platon a-t-il osé présenter un pareil sophisme à ses contemporains et à la postérité? Il semble que son maître pouvait mieux répondre à l'accusation de pervertir la jeunesse. Un raisonnement si fragile sur un point si important devait laisser une fâcheuse impression dans l'esprit des juges. Mais ce chef d'accusation sera plus tard victorieusement réfuté. (ch. XXII.)

1. Ἢ δῆλον. Suppléez Ἢ δῆλον ὅτι φῂς με διαφθείρειν τοὺς νέους διδάσκοντα αὐτοὺς μὴ νομίζειν θεούς... Nonne evidentissimum est quod dicis me juvenes corrumpere, docendo eos non venerari deos quos veneratur civitas?

2. Εἰπὲ ἔτι σαφέστερον, parle encore plus clairement.

μαθεῖν πότερον λέγεις διδάσκειν με νομίζειν εἶναί τινας θεοὺς (καὶ αὐτὸς ἄρα νομίζω εἶναι θεούς, καὶ οὐκ εἰμὶ τὸ παράπαν ἄθεος, οὐδὲ ταύτῃ ἀδικῶ), οὐ μέντοι οὗσπερ γε ἡ πόλις, ἀλλ' ἑτέρους, καὶ τοῦτ' ἔστιν ὅ μοι ἐγκαλεῖς, ὅτι ἑτέρους ; ἢ παντάπασί με φὴς οὔτε αὐτὸν νομίζειν θεούς, τούς τε ἄλλους ταῦτα διδάσκειν[1];

— Ταῦτα λέγω, ὡς τὸ παράπαν οὐ νομίζεις θεούς.

— Ὦ θαυμάσιε Μέλητε, ἵνα τί[2] ταῦτα λέγεις; οὐδὲ ἥλιον οὐδὲ σελήνην ἄρα νομίζω θεοὺς[3] εἶναι, ὥσπερ οἱ ἄλλοι ἄνθρωποι ;

— Μὰ Δί' ὦ ἄνδρες δικασταὶ, ἐπεὶ τὸν μὲν ἥλιον λίθον φησὶν εἶναι, τὴν δὲ σελήνην γῆν[4].

— Ἀναξαγόρου[5] οἴει[7] κατηγορεῖν, ὦ φίλε Μέλητε ·

1. Ἡ παντάπασι, dis-tu absolument que moi-même je ne reconnais point de dieux et que j'enseigne cela aux autres? Mélitus répond : précisément. — C'est changer l'acte d'accusation. Il est douteux que Mélitus ait fait cette réponse imprudente. Et l'eût-il faite par maladresse, cette question restait toujours dans l'esprit des juges comme dans l'acte d'accusation : Socrate admet-il les dieux reconnus par la république ?

2. Ἵνα τι, ut quid?

3. Ἄρα, scilicet. Tu prétends sans doute que je ne crois pas que le soleil et la lune soient des dieux ? — Les Grecs les adoraient sous le nom d'Apollon et de Diane.

4. Τὴν σελήνην γῆν, il dit que la lune est une terre.

5. Ἀναξαγόρου. Tu t'imagines que c'est Anaxagore et non Socrate que tu accuses en ce moment. — Anaxagore, né à Clazomène, l'an 500 avant J.-C., voyagea en Égypte et vint se fixer à Athènes, où il ouvrit la première école de philosophie, l'an 475 avant J.-C. Il eut pour disciples Périclès, Euripide; et peut-être Socrate lui-même était-il allé l'entendre. Il s'appliqua à l'astronomie et prédit les éclipses. Il regardait le soleil comme un globe de fer incandescent ou une masse de pierre embrasée, plus grande que le Péloponèse; et la lune comme une terre qui avait des vallées et des montagnes. Le premier des philosophes grecs, il s'éleva, en contemplant l'ordre admirable qui règne dans l'univers, à l'idée d'un architecte unique, à une suprême intelligence (Νοῦς), qui a fait le monde. Pour cela, il fut accusé d'impiété et condamné à mort par les Athéniens. Périclès, son disciple, réussit à faire commuer la peine en exil. Anaxagore se retira à Lampsaque, où il mourut l'an 428 avant J.-C.

6. Οἴει. (Voyez Gramm. gr., p. 53.)

καὶ οὕτω καταφρονεῖς τῶνδε [1], καὶ οἴει αὐτοὺς ἀπείρους
γραμμάτων εἶναι, ὥστε οὐκ εἰδέναι ὅτι τὰ Ἀναξαγόρου
βιβλία, τοῦ Κλαζομενίου, γέμει τούτων τῶν λόγων.
Καὶ δὴ καὶ οἱ νέοι [2] ταῦτα παρ' ἐμοῦ μανθάνουσιν, ἃ
ἔξεστιν ἐνίοτε, εἰ πάνυ πολλοῦ, δραχμῆς ἐκ τῆς ὀρχήστρας πριαμένοις [3], Σωκράτους καταγελᾶν, ἐὰν προσ-
ποιῆται ἑαυτοῦ εἶναι, ἄλλως τε καὶ οὕτως ἄτοπα [4]
ὄντα. Ἀλλ', ὦ πρὸς Διὸς, οὑτωσί σοι δοκῶ οὐδένα
νομίζειν Θεὸν εἶναι;

— Οὐ μέντοι, μὰ Δί', οὐδ' ὁπωστιοῦν.

— Ἄπιστός γ' εἶ, ὦ Μέλητε, καὶ ταῦτα [5] μέντοι,
ὡς ἐμοὶ δοκεῖς, σαυτῷ. Ἐμοὶ γὰρ δοκεῖ οὑτοσί, ὦ
ἄνδρες Ἀθηναῖοι, πάνυ εἶναι ὑβριστὴς καὶ ἀκόλαστος,
καὶ ἀτεχνῶς τὴν γραφὴν ταύτην ὕβρει τινὶ καὶ ἀκο-
λασίᾳ καὶ νεότητι γράψασθαι. Ἔοικε γὰρ ὥσπερ

1. Τῶνδε, les juges.
2. Καὶ δὴ καί. Et voilà que les
jeunes gens apprennent de moi des
doctrines qu'ils peuvent aller, en
payant une drachme, entendre dé-
biter au théâtre et se moquer ensuite de Socrate, s'il prétend s'ap-
proprier des opinions qui sont d'ailleurs si absurdes! — Ἃ, régime
direct de πριαμένοις. — Ἐκ τῆς
ὀρχήστρας, régime indirect du même
participe. — L'infinitif καταγελᾶν
dépend d'ἔξεστιν. — Pour traduire
cette phrase difficile, on décompose
ἃ en ὅτε ταῦτα, et l'on ordonne
ainsi : ὅτε ἔξεστιν αὐτοῖς, πριαμένοις ταῦτα ἐκ τῆς ὀρχήστρας,
Σωκράτους καταγελᾶν.
3. Πριαμένοις ἐνίοτε δραχμῆς, acheter quelquefois pour une
drachme (90 c.) — Εἰ πάνυ πολλοῦ,
s'ils payent l'entrée tout à fait cher.
— Ὀρχήστρα, le lieu de la scène

où l'on danse. Souvent les comé-
diens censuraient, dans les chœurs,
en chantant et en dansant, les citoyens et leurs ridicules, les philosophes et leurs systèmes. Euripide,
au contraire, se plaisait à insérer
dans ses tragédies les belles maximes d'Anaxagore, son maître.
4. Ἄτοπα. Cette parole fait peu
d'honneur à Socrate, s'il l'a prononcée. Il ne devait pas nommer absurde la doctrine de l'il-
lustre philosophe qui, par la force
de sa raison, s'éleva à la connaissance de l'Intelligence suprême,
sage, puissante et unique, qui a fait
le monde. S'il n'avait pas le courage de professer devant les Athéniens cette théorie sublime, il devait du moins respecter celui qui
l'avait enseignée au péril de sa vie.
5. Καὶ ταῦτα, et cela. (Synt., 805.)
— Μέντοι, certe quidem. — Note i.

αἴνιγμα ξυντιθέντι καὶ διαπειρωμένῳ[1] · « Ἆρα γνώσεται[2] Σωκράτης ὁ σοφὸς δὴ ἐμοῦ χαριεντιζομένου καὶ
ἐναντί᾽ ἐμαυτῷ λέγοντος, ἢ ἐξαπατήσω αὐτὸν καὶ
τοὺς ἄλλους τοὺς ἀκούοντας; » Οὗτος γὰρ ἐμοὶ φαίνεται[3] τὰ ἐναντία λέγειν αὐτὸς αὑτῷ ἐν τῇ γραφῇ
ὥσπερ ἂν εἰ εἴποι · « Ἀδικεῖ Σωκράτης θεοὺς οὐ νομίζων, ἀλλὰ θεοὺς νομίζων. » Καί τοι τοῦτό ἐστι παί-
ζοντος.

CHAPITRE XV

ARGUMENT. Il prouve à Mélitus qu'il se contredit lui-même, puisqu'il
reconnaît que Socrate admet des fils de dieux, et qu'il l'accuse cependant de ne point reconnaître de dieux.

Ξυνεπισκέψασθε δὲ, ὦ ἄνδρες, ᾗ μοι φαίνεται[4] ταῦτα
λέγειν · σὺ δὲ ἡμῖν ἀπόκριναι, ὦ Μέλητε. Ὑμεῖς δὲ,
ὅπερ κατ᾽ ἀρχὰς ὑμᾶς παρῃτησάμην[5], μέμνησθέ μοι
μὴ θορυβεῖν, ἐὰν ἐν τῷ εἰωθότι τρόπῳ τοὺς λόγους
ποιῶμαι[6].

1. Διαπειρωμένῳ, faisant un
essai sur mon intelligence et sur la
vôtre.
2. Γνώσεται, s'apercevra-t-il
que je plaisante? — Ἐμοῦ χαριεντιζομένου, génitif absolu.
3. Φαίνεται avec l'infinitif, videtur. (Synt., 317.)
4. Ξυνεπισκέψασθε ᾗ μοι φαίνεται, considérez avec moi comment
il me paraît dire les choses contra-

dictoires que je viens de lui impu-
ter.
5. Ὅπερ κατ᾽ ἀρχὰς ὑμᾶς παρῃτησάμην, comme je vous l'ai demandé au commencement. (Voyez
le 1er chapitre.) Il semble qu'il
abuse un peu de cette précaution
oratoire.
6. Τῷ εἰωθότι τρόπῳ, c'est la
méthode d'interrogation. De questions en questions, Socrate condui-

Ἔστιν ὅστις ἀνθρώπων [1], ὦ Μέλητε, ἀνθρώπεια μὲν
νομίζει πράγματα εἶναι, ἀνθρώπους δὲ οὐ νομίζει;
Ἀποκρινέσθω, ὦ ἄνδρες, καὶ μὴ ἄλλα καὶ ἄλλα θορυ-
βείτω. Ἔσθ᾽ ὅστις ἵππους μὲν οὐ νομίζει, ἱππικὰ δὲ
πράγματα; ἢ αὐλητὰς μὲν οὐ νομίζει, αὐλητικὰ δὲ
πράγματα; Οὐκ ἔστιν, ὦ ἄριστε ἀνδρῶν · εἰ μὴ σὺ
βούλει ἀποκρίνασθαι, ἐγώ σοι λέγω καὶ τοῖς ἄλλοις τουτοισί. Ἀλλὰ τὸ ἐπὶ τούτῳ γε ἀπόκριναι [2]. « Ἔσθ᾽ ὅστις
δαιμόνια μὲν νομίζει πράγματ᾽ εἶναι, δαίμονας δὲ οὐ
νομίζει;

— Οὐκ ἔστιν.

— Ὡς ὤνησας [3], ὅτι μόγις ἀπεκρίνω ὑπὸ τουτωνὶ
ἀναγκαζόμενος. Οὐκοῦν δαιμόνια μὲν φῄς με καὶ νομίζειν καὶ διδάσκειν, εἴτ᾽ οὖν καινὰ εἴτε παλαιά · ἀλλ᾽ οὖν
δαιμόνιά γε νομίζω κατὰ τὸν σὸν λόγον, καὶ ταῦτα
καὶ διωμόσω ἐν τῇ ἀντιγραφῇ [4]. Εἰ δὲ δαιμόνια νομίζω [5],
καὶ δαίμονας δήπου πολλὴ ἀνάγκη νομίζειν ἐμέ ἐστιν.
Οὐχ οὕτως ἔχει; Ἔχει δή · τίθημι γάρ σε ὁμολο-

fait ses interlocuteurs d'une idée à
une autre, soit pour les élever aux
conceptions les plus nobles, soit pour
les réduire au silence.

1. Ἔστιν ἀνθρώπων ὅστις..., y
a-t-il parmi les hommes quelqu'un
qui...?

2. Τὸ ἐπὶ τούτῳ, réponds du
moins à ce qui vient après cela.

3. Ὡς ὤνησας, comme tu m'as
obligé! (Ὤνησας, aor. d'ονίνημι.)

4. Διωμόσω, tu l'as même juré
dans l'acte d'accusation. — Ἀντι-
γραφή, copie de l'acte d'accusation.
—Διωμόσω, 2ᵉ personne de l'ao-
riste διωμοσάμην.

5. Εἰ δὲ δαιμόνια νομίζω, καὶ
δαίμονας δήπου, si j'admets des

choses relatives aux démons, il faut
bien certes que j'admette aussi des
démons. Tout ce long raisonnement
paraît superflu. Mélitus ne disait
pas que Socrate niait l'existence
des démons ou génies. Il l'accusait d'en introduire de nouveaux,
δαιμόνια καινά. Socrate, ou Platon,
pour construire son laborieux argument, feint de prendre δαιμόνια
pour un adjectif, dæmonica, tandis
que Mélitus l'entendait dans le sens
du substantif, dæmonia ou dæmo-
nes. Qu'y avait-il de plus célèbre
dans toute la ville que le démon
de Socrate? Mélitus l'accusait de
remplacer les autres dieux par ce
nouveau démon.

γοῦντα, ἐπειδὴ οὐκ ἀποκρίνει. Τοὺς δὲ δαίμονας οὐχὶ ἤτοι θεούς γε ἡγούμεθα, ἢ θεῶν παῖδας[1]; Φὴς ἢ οὔ;

— Πάνυ γε.

— Οὐκοῦν, εἴπερ δαίμονας ἡγοῦμαι[2], ὡς σὺ φὴς, εἰ μὲν θεοί τινές εἰσιν οἱ δαίμονες, τοῦτ' ἂν εἴη ὃ ἐγώ φημί σε αἰνίττεσθαι καὶ χαριεντίζεσθαι, θεοὺς οὐχ ἡγούμενον φάναι ἐμὲ θεοὺς αὖ ἡγεῖσθαι πάλιν, ἐπειδήπερ γε δαίμονας ἡγοῦμαι· εἰ δ' αὖ οἱ δαίμονες θεῶν παῖδές εἰσι νόθοι τινὲς ἢ ἐκ νυμφῶν ἢ ἐκ τινων ἄλλων, ὧν δὴ καὶ λέγονται[3], τίς ἂν ἀνθρώπων θεῶν μὲν παῖδας ἡγοῖτο εἶναι, θεοὺς δὲ μή[4]; Ὁμοίως γὰρ ἂν ἄτοπον εἴη, ὥσπερ ἂν εἴ τις ἵππων μὲν παῖδας ἡγοῖτο ἢ καὶ ὄνων τοὺς ἡμιόνους, ἵππους δὲ καὶ ὄνους μὴ ἡγοῖτο εἶναι. Ἀλλ', ὦ Μέλητε, οὐκ ἔστιν ὅπως[5] σὺ ταῦτα οὐχὶ ἀποπειρώμενος ἡμῶν ἐγράψω τὴν γραφὴν ταύτην, ἢ ἀπορῶν ὅ τι ἐγκαλοῖς ἐμοὶ ἀληθὲς ἀδίκημα· ὅπως δὲ σύ τινα πείθοις ἂν[6] καὶ σμικρὸν νοῦν ἔχοντα ἀνθρώπων, (ὡς οὐ τοῦ αὐτοῦ ἀνδρός ἐστι[7] καὶ δαι-

---

1. Ἤτοι ἤ, vel sane vel. — Φὴς ἢ οὔ; en conviens-tu? ou nies-tu?

2. Οὐκοῦν, εἴπερ δαίμονας ἡγοῦμαι. Si donc j'admets des démons, et si les démons sont des dieux, c'est la preuve de ce que j'avançais, c'est-à-dire que tu t'amuses à nous proposer des énigmes, en disant que je n'admets pas des dieux et pourtant que j'admets des dieux. — Φάναι dépend de φημί σε, scilicet dico te dicere quod ego deos agnoscens rursus non agnosco.

3. Ὧν δὴ καὶ λέγονται, sous-entendez παῖδες εἶναι, e quibus esse prognati feruntur.

4. Τίς ἀνθρώπων, qui des

hommes croirait qu'il y a des fils de dieux et point de dieux?

5. Οὐκ ἔστιν ὅπως, non est quomodo, il n'est pas moyen que, il n'est pas possible que.

6. Ὅπως δὲ σύ τινα πείθοις ἄν. Construisez : οὐδεμία δὲ μηχανή ἐστιν ὅπως σὺ πείθοις ἄν τινα ἀνθρώπων, il n'y a pas moyen que tu persuades cela à un homme même d'un esprit borné.

7. Ὡς οὐ τοῦ αὐτοῦ ἀνδρός ἐστιν, attendu qu'il n'est pas du même homme de croire, c.-à-d. qu'il est impossible qu'un même homme croie qu'il y a des dieux, et qu'il n'y a point de dieux. Quelques éditeurs

μόνια καὶ θεῖα ἡγεῖσθαι, καὶ αὖ τοῦ αὐτοῦ, μήτε δαίμονας, μήτε θεοὺς, μήτε ἥρωας,) οὐδεμία μηχανή ἐστιν. »

CHAPITRE XVI

ARGUMENT. Socrate a prouvé son innocence. S'il est condamné, il succombera sous la calomnie et non sous l'accusation de Mélitus et d'Anytus. Mais l'homme sage fait son devoir sans s'inquiéter du péril; ce qu'il prouve par l'exemple d'Achille.

Ἀλλὰ γὰρ, ὦ ἄνδρες Ἀθηναῖοι, ὡς μὲν ἐγὼ οὐκ ἀδικῶ κατὰ τὴν Μελήτου γραφὴν, οὐ πολλῆς μοι δοκεῖ εἶναι ἀπολογίας, ἀλλ' ἱκανὰ καὶ ταῦτα [1] · ὃ δὲ καὶ ἐν τοῖς ἔμπροσθεν [2] ἔλεγον, ὅτι πολλή μοι ἀπέχθεια γέγονε καὶ πρὸς πολλοὺς, εὖ ἴστε ὅτι ἀληθές ἐστι. Καὶ τοῦτ' ἔστιν ὃ ἐμὲ αἱρήσει [3], ἐάν περ αἱρῇ, οὐ Μέλητος, οὐδὲ Ἄνυτος, ἀλλ' ἡ τῶν πολλῶν διαβολή τε καὶ φθόνος · ἃ δὴ [4] πολλοὺς καὶ ἄλλους καὶ ἀγαθοὺς ἄνδρας [5]

ont voulu supprimer οὐ, parce qu'ils croyaient que ὡς οὐ est le complément de πείθοις, tandis que cette phrase est une parenthèse.

1. Ἱκανὰ καὶ ταῦτα, ce que je viens de dire suffit pour montrer que je suis innocent des accusations que Mélitus a portées contre moi. La défense qu'on vient de lire est faible ; Socrate n'a prouvé clairement ni qu'il ne pervertissait pas la jeunesse, ni qu'il admettait les dieux reconnus par l'État, ni qu'il n'in-

troduisait pas de nouveaux démons.

2. Ἐν τοῖς ἔμπροσθεν, précédemment, tout à l'heure. (Voyez ch. VI et X.)

3. Τοῦτ' ἔστιν ὃ ἐμὲ αἱρήσει, voilà ce qui me fera condamner.

4. Ἃ se rapporte à διαβολή et à φθόνος qui, étant des noms de choses de genres différents, veulent au neutre l'adjectif ou le pronom qui s'y rapportent. (Synt., 32.)

5. Πολλοὺς καὶ ἄλλους καὶ ἀγα-

ἥρηκεν, οἶμαι δὲ καὶ αἱρήσειν · οὐδὲν δὲ δεινὸν μὴ ἐν ἐμοὶ στῇ [1].

Ἴσως δ' ἂν οὖν εἴποι τις · « Εἶτ' οὐκ αἰσχύνει, ὦ Σώκρατες, τοιοῦτον ἐπιτήδευμα [2] ἐπιτηδεύσας, ἐξ οὗ κινδυνεύεις νυνὶ ἀποθανεῖν; » Ἐγὼ δὲ τούτῳ ἂν δίκαιον λόγον ἀντείποιμι ὅτι · Οὐ καλῶς λέγεις, ὦ ἄνθρωπε, εἰ οἴει [3] δεῖν κίνδυνον ὑπολογίζεσθαι τοῦ ζῆν ἢ τεθνάναι ἄνδρα, ὅτου τι καὶ σμικρὸν ὄφελός ἐστιν [4], ἀλλ' οὐκ ἐκεῖνο μόνον σκοπεῖν, ὅταν πράττῃ τι, πότερον δίκαια ἢ ἄδικα πράττει, καὶ ἀνδρὸς ἀγαθοῦ ἔργα ἢ κακοῦ. Φαῦλοι γὰρ ἂν [5], τῷ γε σῷ λόγῳ, εἶεν τῶν ἡμιθέων ὅσοι ἐν Τροίᾳ τετελευτήκασιν, οἵ τε ἄλλοι, καὶ ὁ τῆς Θέτιδος υἱός, ὃς τοσοῦτον [6] τοῦ κινδύνου κατεφρόνησε παρὰ τὸ αἰσχρόν τι ὑπομεῖναι, ὥστε, ἐπειδὴ εἶπεν ἡ μήτηρ αὐτῷ προθυμουμένῳ Ἕκτορα ἀποκτεῖναι, θεὸς οὖσα, οὑτωσί πως [7], ὡς ἐγῷμαι · « Ὦ παῖ, εἰ τιμω-

---

θοὺς ἄνδρας. Voilà une vérité frappante noblement exprimée. Les Athéniens ont condamné à la mort ou à l'exil tous leurs meilleurs citoyens, Miltiade, Aristide, etc.

1. Οὐδὲν δεινὸν μή, il n'est pas à craindre que la haine s'arrête à moi.

2. Ἐπιτήδευμα, studii genus, occupation.

3. Εἰ οἴει. Construisez : εἰ οἴει ἄνδρα δεῖν ὑπολογίζεσθαι κίνδυνον τοῦ ζῆν ἢ τεθνάναι.

4. Ὅτου, c'est-à-dire ἄνδρα ὅτου... un homme même dont l'utilité est petite, un homme si peu qu'il soit utile. — Ὑπολογίζεσθαι, porter en ligne de compte, prendre en considération.

5. Φαῦλοι, ce seraient des ignorants indignes d'être estimés. —

Ὅσοι ἡμιθέων..., tous ceux des demi-dieux qui. — Οἵ τε ἄλλοι, entre autres. (Synt., 333.) — Καὶ ὁ τῆς Θέτιδος υἱός, et surtout Achille qui. — Παρὰ τὸ ὑπομεῖναι αἰσχρόν τι, en comparaison de, plutôt que de souffrir quelque déshonneur.

6. Ὃς τοσοῦτον ὥστε. Cette longue phrase se construit ainsi : τοσοῦτον τοῦ κινδύνου κατεφρόνησεν, ὥστε (ἐπειδὴ εἶπεν ἡ μήτηρ αὐτίκα σοί μεθ' Ἕκτορα πότμος ἕτοιμος) τοῦ θανάτου ὠλιγώρησε. — Avec τοσοῦτον... ὥστε, tellement que, on met l'indicatif. (Synt., 58.)

7. Οὑτωσί doit se joindre à εἶπεν. — Ἐγῷμαι, crase, pour ἐγὼ οἶμαι.

ρήσεις Πατρόκλῳ τῷ ἑταίρῳ τὸν φόνον [1], καὶ Ἕκτορα
ἀποκτενεῖς, αὐτὸς ἀποθανεῖ · αὐτίκα γάρ τοι, φησὶ,
μεθ' Ἕκτορα πότμος ἑτοῖμος · » ὁ δὲ ταῦτ' ἀκούσας,
τοῦ μὲν θανάτου καὶ τοῦ κινδύνου ὠλιγώρησε, πολὺ δὲ
μᾶλλον δείσας τὸ ζῆν κακὸς ὢν, καὶ τοῖς φίλοις μὴ
τιμωρεῖν · « Αὐτίκα, φησὶ, τεθναίην [2], δίκην ἐπιθεὶς
τῷ ἀδικοῦντι, ἵνα μὴ ἐνθάδε μένω καταγέλαστος παρὰ
νηυσὶ κορωνίσιν, ἄχθος ἀρούρης [3]. » Μὴ αὐτὸν οἴει
φροντίσαι θανάτου καὶ κινδύνου [4]; Οὕτω γὰρ ἔχει, ὦ
ἄνδρες Ἀθηναῖοι, τῇ ἀληθείᾳ · οὗ ἄν τις ἑαυτὸν τάξῃ [5],
ἢ ἡγησάμενος βέλτιον εἶναι, ἢ ὑπ' ἄρχοντος ταχθῇ [6],
ἐνταῦθα δεῖ, ὡς ἐμοὶ δοκεῖ, μένοντα κινδυνεύειν, μηδὲν
ὑπολογιζόμενον μήτε θάνατον μήτε ἄλλο μηδὲν πρὸ τοῦ
αἰσχροῦ.

1. Εἰ τιμωρήσεις Πατρόκλῳ τὸν
φόνον, si tu venges le meurtre pour
Patrocle, c'est-à-dire le meurtre de
ton ami Pâtrocle tué par Hector. —
Ἀποθανεῖ, 2e pers. du fut. pour
ἀποθανῇ. — Τοι pour σοι. — Φησι,
dit le poëte. (Il., XVIII, 96 et suiv.)

2. Αὐτίκα, φησὶ, τεθναίην, puis-
sé-je mourir tout de suite, dit le
héros. — Δίκην ἐπιθεὶς, ayant in-
fligé une peine.

3. Ἄχθος ἀρούρης, de la terre
inutile fardeau. (RACINE.)

4. Μὴ οἴει, croyez-vous par hasard qu'il s'inquiétait de la mort
et du péril?

5. Οὗ ἄν τις, le poste où quelqu'un s'est placé lui-même le ju-
geant le plus honorable, ou le poste où
il est placé par son chef, là il faut
demeurer en affrontant le péril, et
sans considérer la mort plutôt que
le déshonneur. Voilà de beaux sentiments, dignes de Platon et de
Socrate. Ce morceau, où le philosophe s'inspire d'Homère, est plein
d'élévation.

6. Οὗ ἄν τις ἑαυτὸν τάξῃ, ἢ ἡγησάμενος βέλτιον εἶναι, ἢ ὑπ' ἄρχοντος ταχθῇ. C'est une anacoluthe
remarquable qu'il faut bien se gar-
der de corriger. La phrase régulière,
mais plate, serait : οὗ ἢ ἄν τις
ἑαυτὸν τάξῃ ἡγησάμενος βέλτιον
εἶναι, ἢ οὗ ἄν τις ὑπ' ἄρχοντος
ταχθῇ, ἐνταῦθα δεῖ μένοντα κινδυνεύειν. Eo loco ubi aliquis vel
seipsum statuerit, existimans id esse
honestius, vel fuerit a duce consti-
tutus, ibi manendum. Le français
évite l'irrégularité, même dans la
conversation, le grec la recherche.

CHAPITRE XVII

ARGUMENT. Les dieux ont ordonné à Socrate d'employer sa vie à l'étude
de la sagesse, en s'examinant lui-même et en examinant les autres.
Il sera fidèle à cette mission; la crainte même de la mort ne l'en
détournera pas.

Ἐγὼ οὖν δεινὰ ἂν εἴην εἰργασμένος [1], ὦ ἄνδρες Ἀθηναῖοι, εἰ, ὅτε μέν με οἱ ἄρχοντες ἔταττον, οὓς ὑμεῖς
εἴλεσθε ἄρχειν μου, καὶ ἐν Ποτιδαίᾳ [2] καὶ ἐν Ἀμφι-
πόλει καὶ ἐπὶ Δηλίῳ, τότε μὲν οὗ ἐκεῖνοι ἔταττον
ἔμενον, ὥσπερ καὶ ἄλλος τις, καὶ ἐκινδύνευον ἀποθανεῖν,
τοῦ δὲ θεοῦ τάττοντος [3], ὡς ἐγὼ φήθην τε καὶ ὑπέλαβον,
φιλοσοφοῦντά με δεῖν ζῆν καὶ ἐξετάζοντα ἐμαυτὸν καὶ

---

1. Ἐγὼ οὖν, longue période, très
bien faite, compliquée et cependant
claire. La voici déchargée des phrases
incidentes : Ἐγὼ δεινὰ ἂν εἴην
εἰργασμένος, εἰ ἔμενον μὲν ὅτε
με οἱ ἄρχοντες ἔταττον, λίποιμι
δὲ τὴν τάξιν τοῦ θεοῦ τάττοντος.
*Ego rem fecissem indignam, si or-
dinem ducum servassem, ordinem
vero dei liquissem.*

2. Potidée, ville de Macédoine,
dans la presqu'île de Pallène. En
429, les Athéniens la reprirent sur
les Corinthiens. Au siège de cette
ville, Socrate sauva Alcibiade blessé
et près ') tomber aux mains de
l'ennemi. — Amphipolis, ville sur
les bords du fleuve Strimon, où les
Athéniens furent vaincus par le
Spartiate Brasidas. — Delium, ville

de Béotie. En 424, les Athéniens,
attaqués par les Béotiens, y per-
dirent mille hoplites; Socrate sauva
le jeune Xénophon en l'emportant
sur ses épaules. Pendant ce temps-
là, Aristophane écrivait les *Nuées*.

3. Τοῦ θεοῦ τάττοντος. L'oracle
ne lui commandait point de passer
sa vie à importuner les autres en
les convainquant d'ignorance. —
Ὡς ἐγὼ φήθην, *comme je l'ai cru* :
ce n'était pas pour les Athéniens
une preuve bien forte de sa mission divine. — Ἐξετάζοντα τοὺς
ἄλλους. Parole peu adroite qui devait mécontenter les juges et tous les
auditeurs. Qui donc l'avait établi le
censeur de tous les citoyens d'A-
thènes ? — Ὑπέλαβον, *existimavi*.

τοὺς ἄλλους, ἐνταῦθα δὲ φοβηθεὶς ἢ θάνατον ἢ ἄλλο
ὁτιοῦν πρᾶγμα λίποιμι τὴν τάξιν. Δεινὸν μέντ' ἂν
εἴη, καὶ ὡς ἀληθῶς τότ' ἄν με δικαίως εἰσάγοι τις εἰς
δικαστήριον[1], ὅτι οὐ νομίζω θεοὺς εἶναι, ἀπειθῶν τῇ
μαντείᾳ[2] καὶ δεδιὼς θάνατον καὶ οἰόμενος σοφὸς εἶναι,
οὐκ ὤν. Τὸ γάρ τοι θάνατον δεδιέναι, ὦ ἄνδρες, οὐδὲν
ἄλλο ἐστὶν ἢ δοκεῖν σοφὸν εἶναι, μὴ ὄντα · δοκεῖν γὰρ
εἰδέναι ἐστὶν ἃ οὐκ οἶδεν[3]. Οἶδε μὲν γὰρ οὐδεὶς τὸν θάνατον[4], οὐδ' εἰ τυγχάνει τῷ ἀνθρώπῳ πάντων μέγιστον
ὂν τῶν ἀγαθῶν · δεδίασι δ' ὡς εὖ εἰδότες ὅτι μέγιστον
τῶν κακῶν ἐστι. Καὶ τοῦτο πῶς οὐκ ἀμαθία ἐστὶν[5]
αὕτη ἡ ἐπονείδιστος, ἡ τοῦ οἴεσθαι εἰδέναι ἃ οὐκ οἶδεν;

Ἐγὼ δὲ, ὦ ἄνδρες, τούτῳ καὶ ἐνταῦθα ἴσως δια-
φέρω τῶν πολλῶν ἀνθρώπων, καὶ εἰ δή τῳ σοφώτερός
του φαίην εἶναι[6], τούτῳ ἄν, ὅτι οὐκ εἰδὼς ἱκανῶς περὶ
τῶν ἐν Ἅδου, οὕτω καὶ οἴομαι οὐκ εἰδέναι. Τὸ δὲ ἀδικεῖν καὶ ἀπειθεῖν τῷ βελτίονι, καὶ θεῷ καὶ ἀνθρώπῳ[7],

---

1. Εἰς δικαστήριον, le voilà de
nouveau lancé dans les sophismes.
Est-ce qu'on cite un homme devant
les tribunaux, parce qu'il croit savoir ce qu'il ne sait pas?

2. Ἀπειθῶν τῇ μαντείᾳ, à quel
oracle eût-il désobéi? Celui d'Apollon ne lui commandait rien.

3. Ἃ οὐκ οἶδεν, sous-ent. τις,
craindre la mort, c'est croire que
l'on sait ce qu'on ne sait pas.— N.j.

4. Οἶδεν οὐδεὶς τὸν θάνατον. C'est
faux. On sait fort bien que la mort
est la séparation de l'âme et du
corps, et que le corps se dissout. Il
est vrai que le sort de l'âme est inconnu. Mais il est naturel et rai-

sonnable de craindre cette affreuse
dissolution et cet inconnu redou-
table.

5. Πῶς οὐκ ἀμαθία, et comment
cela ne serait-il pas une ignorance,
ignorance honteuse et blâmable,
l'ignorance de croire savoir ce qu'on
ne sait pas?

6. Εἰ δή τῳ σοφώτερός του.
Ici τῳ et του sont mis pour τινὶ
et τινός. Si cui sapientior aliquo
viderer.

7. Ἀνθρώπῳ, désobéir à un
homme meilleur que soi n'est ni
une faute ni un déshonneur, si cet
homme n'a pas le droit de com-
mander.

ὅτι κακὸν καὶ αἰσχρόν ἐστιν οἶδα. Πρὸ οὖν τῶν κακῶν[1],
ὧν οἶδα ὅτι κακά ἐστιν, ἃ μὴ οἶδα εἰ ἀγαθὰ ὄντα
τυγχάνει, οὐδέποτε φοβηθήσομαι οὐδὲ φεύξομαι. Ὥστε
οὐδ᾽ εἴ με νῦν ὑμεῖς ἀφίετε[2], Ἀνύτῳ ἀπιστήσαντες
(ὃς ἔφη ἢ τὴν ἀρχὴν[3] οὐ δεῖν ἐμὲ δεῦρο εἰσελθεῖν, ἢ
ἐπειδὴ εἰσῆλθον, οὐχ οἷόν τ᾽ εἶναι τὸ μὴ ἀποκτεῖναί
με, λέγων πρὸς ὑμᾶς ὡς, εἰ διαφευξοίμην[4], ἤδη ἂν
ὑμῶν οἱ υἱεῖς, ἐπιτηδεύοντες ἃ Σωκράτης διδάσκει,
πάντες παντάπασι διαφθαρήσονται)· εἴ μοι πρὸς ταῦτα
εἴποιτε· « Ὦ Σώκρατες, νῦν μὲν Ἀνύτῳ οὐ πεισό-
μεθα, ἀλλ᾽ ἀφίεμέν σε, ἐπὶ τούτῳ μέντοι ἐφ᾽ ᾧτε[5] μη-
κέτι ἐν ταύτῃ τῇ ζητήσει διατρίβειν, μηδὲ φιλοσοφεῖν·
ἐὰν δὲ ἁλῷς ἔτι τοῦτο πράττων, ἀποθανεῖ· » εἰ οὖν
με, ὅπερ εἶπον, ἐπὶ τούτοις ἀφίοιτε, εἴποιμ᾽ ἂν ὑμῖν

1. Πρὸ οὖν τῶν κακῶν, *je ne
craindrai donc pas des choses dont
j'ignore si elles sont des biens, plus
que je crains des maux que je
sais être des maux.* Mais n'est-il
pas raisonnable de craindre des
choses qui peuvent être des maux
épouvantables, comme les supplices
des enfers? — Πρὸ τῶν κακῶν,
avant les maux, plus que les maux.
Socrate en ce point est moins sage
que le peuple qui craint, après la
mort, le jugement des dieux et le
Tartare.

2. Ὥστε οὐδέ. Longue phrase
qui se réduit à ces deux propositions : οὐδέ, εἴ με νῦν ὑμεῖς ἀφίετε,
ἐγὼ παύσομαι φιλοσοφῶν. Après
la parenthèse ὃς ἔφη, il reprend la
protase sous une nouvelle forme : εἴ
μοι πρὸς ταῦτα εἴποιτε, puis il
place les conditions que lui pro-
posent les Athéniens; alors il reprend une troisième fois la protase

εἰ οὖν με ὅπερ εἶπον, ἐπὶ τούτοις
ἀφίοιτε, et il place enfin l'apodose;
mais au lieu de conclure simplement par ces trois mots : οὐ παύσομαι φιλοσοφῶν, il les développe
dans deux nouveaux discours : 1°
εἴποιμ᾽ ἂν ὑμῖν, 2° λέγων οἷάπερ.

3. Τὴν ἀρχήν, *dès le principe.* —
Δεῦρο εἰσελθεῖν, *entrer ici, comparaître devant ce tribunal.*

4. Εἰ διαφευξοίμην, διαφθαρήσονται. Il semble qu'il faudrait
l'optatif διαφθαρήσοιντο. Mais dans
la pensée de Mélitus, si l'acquittement de Socrate est douteux, cet
acquittement prononcé, la corruption de la jeunesse est certaine. C'est
ce que fait entendre l'indicatif.

5. Ἐπὶ τούτῳ ἐφ᾽ ᾧτε, *à cette
condition que.* (*Synt.*, 342.) — Ἐπὶ
τούτοις, *aux conditions que je viens
d'exprimer,* ἐπὶ τοῖς δέ signifierait
aux conditions suivantes.

ὅτι · Ἐγὼ ὑμᾶς, ὦ ἄνδρες Ἀθηναῖοι, ἀσπάζομαι μὲν
καὶ φιλῶ, πείσομαι δὲ μᾶλλον τῷ θεῷ ἢ ὑμῖν, καὶ
ἕωσπερ ἂν ἐμπνέω καὶ οἷός τε ὦ, οὐ μὴ παύσομαι
φιλοσοφῶν καὶ ὑμῖν παρακελευόμενός τε καὶ ἐνδεικνύ-
μενος, ὅτῳ ἂν ἀεὶ ἐντυγχάνω ὑμῶν¹, λέγων οἷάπερ
εἴωθα, ὅτι · Ὦ ἄριστε ἀνδρῶν, Ἀθηναῖος ὢν, πόλεως
τῆς μεγίστης καὶ εὐδοκιμωτάτης εἰς σοφίαν καὶ ἰσχὺν,
χρημάτων μὲν οὐκ αἰσχύνει ἐπιμελόμενος, ὅπως σοι
ἔσται ὡς πλεῖστα, καὶ δόξης καὶ τιμῆς, φρονήσεως δὲ
καὶ ἀληθείας, καὶ τῆς ψυχῆς, ὅπως ὡς βελτίστη ἔσται,
οὐκ ἐπιμελεῖ οὐδὲ φροντίζεις; Καὶ ἐάν τις ὑμῶν ἀμφι-
σβητήσῃ², καὶ φῇ ἐπιμελεῖσθαι, οὐκ εὐθὺς ἀφήσω αὐτὸν οὐδ' ἄπειμι, ἀλλ' ἐρήσομαι αὐτὸν καὶ ἐξετάσω καὶ
ἐλέγξω, καὶ ἐάν μοι μὴ δοκῇ κεκτῆσθαι ἀρετὴν, φάναι
δὲ, ὀνειδιῶ ὅτι τὰ πλείστου ἄξια περὶ ἐλαχίστου
ποιεῖται, τὰ δὲ φαυλότερα περὶ πλείονος. Ταῦτα
καὶ νεωτέρῳ, καὶ πρεσβυτέρῳ, ὅτῳ ἂν ἐντυγχάνω,
ποιήσω, καὶ ξένῳ καὶ ἀστῷ, μᾶλλον δὲ τοῖς ἀστοῖς,
ὅσῳ μου ἐγγυτέρω ἐστὲ γένει. Ταῦτα γὰρ κελεύει ὁ
θεὸς³, εὖ ἴστε. Καὶ ἐγὼ οἴομαι οὐδέν πω ὑμῖν μεῖζον
ἀγαθὸν γενέσθαι ἐν τῇ πόλει ἢ τὴν ἐμὴν τῷ θεῷ ὑπη-
ρεσίαν. Οὐδὲν γὰρ ἄλλο πράττων ἐγὼ περιέρχομαι, ἢ
πείθων ὑμῶν καὶ νεωτέρους καὶ πρεσβυτέρους μήτε

---

1. Ἀεί, successivement. — Ὅτῳ
ἄν ἀεὶ ἐντυγχάνω ὑμῶν, à chaque
fois que je rencontrerai l'un de
vous.
2. Ἐάν τις ἀμφισβητήσῃ, si
quelqu'un de vous conteste. — Ἐξετάσω; je l'examinerai, je discuterai
sa conduite. — Ἐλέγξω, je le con-

fondrai; je le convaincrai qu'il se
trompe. — Φάναι δέ, infinitif de
narration, s'il dit qu'il est vertueux
sans l'être. — Ὀνειδιῶ, futur attique, pour ὀνειδίσω.
3. Ταῦτα κελεύει ὁ θεός. Socrate
l'affirme, il devrait le prouver à ses
juges.

σωμάτων ἐπιμελεῖσθαι μήτε χρημάτων πρότερον μηδὲ
οὕτω σφόδρα ὡς τῆς ψυχῆς, ὅπως ὡς ἀρίστη ἔσται,
λέγων ὅτι οὐκ ἐκ χρημάτων ἀρετὴ γίγνεται, ἀλλ' ἐξ
ἀρετῆς χρήματα καὶ τᾶλλα ἀγαθὰ τοῖς ἀνθρώποις
ἅπαντα, καὶ ἰδίᾳ καὶ δημοσίᾳ[1].

Εἰ μὲν οὖν ταῦτα λέγων διαφθείρω τοὺς νέους, ταῦτ'
ἂν εἴη βλαβερά· εἰ δέ τίς μέ φησιν ἄλλα λέγειν ἢ ταῦτα, οὐδὲν λέγει[2]. Πρὸς ταῦτα[3], φαίην ἂν[4], ὦ ἄνδρες
Ἀθηναῖοι, ἢ πείθεσθε Ἀνύτῳ ἢ μή, καὶ ἢ ἀφιετέ
με ἢ μὴ ἀφίετε, ὡς ἐμοῦ οὐκ ἂν ποιήσοντος ἄλλα,
οὐδ' εἰ μέλλω πολλάκις τεθνάναι.

CHAPITRE XVIII

ARGUMENT. Si les Athéniens faisaient mourir Socrate, ils ne retrouve-
raient pas son pareil. Il leur a été donné par les dieux pour les
exhorter à la vertu.

Μὴ θορυβεῖτε[5], ὦ ἄνδρες Ἀθηναῖοι, ἀλλ' ἐμμείνατέ
μοι οἷς ἐδεήθην ὑμῶν, μὴ θορυβεῖν ἐφ' οἷς ἂν λέγω,

1. Ἰδίᾳ καὶ δημοσίᾳ. Il n'y a
rien de plus utile que la vertu, pour
les particuliers et pour les peuples.
Voilà d'excellentes maximes, utiles
même à des chrétiens.

2. Οὐδὲν λέγει, ce qu'il dit ne
signifie rien, il en impose.

3. Πρὸς ταῦτα, sur ce, en consé-
quence de ces principes.

4. Φαίην ἄν. C'est pourquoi je
vous dirai : « Renvoyez-moi ou ne

me renvoyez pas, attendu que je ne
ferai pas autre chose. » — Ὡς ἐμοῦ
οὐκ ἂν ποιήσοντος, génitif absolu.

5. Μὴ θορυβεῖτε, ne m'interrom-
pez pas par des cris, des murmures,
quand vous allez entendre ce que je
vais dire. Au lieu de demander tant
de fois à ses juges la permission de
leur dire des choses choquantes, il
vaudrait mieux ne pas leur en dire.

ἀλλ' ἀκούειν· καὶ γὰρ, ὡς ἐγὼ οἶμαι, ὀνήσεσθε[1] ἀκούοντες. Μέλλω γὰρ οὖν ἄττα[2] ἐρεῖν ὑμῖν καὶ ἄλλα,
ἐφ' οἷς ἴσως βοήσεσθε· ἀλλὰ μηδαμῶς ποιεῖτε τοῦτο.
Εὖ γὰρ ἴστε, ἐὰν ἐμὲ ἀποκτείνητε τοιοῦτον ὄντα, οἷον
ἐγὼ λέγω, οὐκ ἐμὲ μείζω βλάψετε ἢ ὑμᾶς αὐτούς.
Ἐμὲ μὲν γὰρ οὐδὲν ἂν βλάψειεν οὔτε Μέλητος οὔτε
Ἄνυτος. Οὐδὲ γὰρ ἂν δύναιτο· οὐ γὰρ οἶμαι θεμιτὸν
εἶναι ἀμείνονι ἀνδρὶ ὑπὸ χείρονος βλάπτεσθαι. Ἀπο-
κτείνειε μέντ' ἂν ἴσως, ἢ ἐξελάσειεν, ἢ ἀτιμάσειεν[3].
Ἀλλὰ ταῦτα οὗτος μὲν ἴσως οἴεται καὶ ἄλλος τίς που
μεγάλα κακά· ἐγὼ δ' οὐκ οἴομαι[4], ἀλλὰ πολὺ μᾶλλον ποιεῖν ἃ οὗτος νυνὶ ποιεῖ, ἄνδρα ἀδίκως ἐπιχειρεῖν
ἀποκτιννύναι.

Νῦν οὖν, ὦ ἄνδρες Ἀθηναῖοι, πολλοῦ δέω ἐγὼ
ὑπὲρ ἐμαυτοῦ ἀπολογεῖσθαι[5], ὥς τις ἂν οἴοιτο, ἀλλ'
ὑπὲρ ὑμῶν, μή τι ἐξαμάρτητε περὶ τὴν τοῦ θεοῦ
δόσιν ὑμῖν[6], ἐμοῦ καταψηφισάμενοι. Ἐὰν γὰρ ἐμὲ
ἀποκτείνητε, οὐ ῥᾳδίως ἄλλον τοιοῦτον εὑρήσετε[7],

---

1. Ὀνήσεσθε ἀκούοντες, *vous
trouverez un profit à m'écouter.*
2. Ἄττα, avec esprit doux, est
synonyme du pluriel neutre τινά.
Ἄττα, avec esprit rude, se met
pour ἅτινα. — Note *k.*
3. Ἀτιμάσειεν, *il pourrait me
flétrir et me priver des droits de
citoyen.* — Οὗτος, Anytus.
4. Ἐγὼ δ' οὐκ οἴομαι. Je ne
pense pas que ce soient là de grands
maux. Il y a de l'élévation dans
cette philosophie; mais elle manque
de base, puisque Socrate ne sait pas
si la vertu sera récompensée après
la mort. S'il n'y a pas d'autre vie
que celle-ci, n'est-il pas sage d'en

jouir honnêtement et de la prolon-
ger autant que possible? Socrate a
beau philosopher; être privé de la
vie sans compensation est un malheur.
5. Πολλοῦ δέω. Il s'en faut bien
que je me défende pour l'amour de
moi: c'est pour l'amour de vous.
6. Τὴν τοῦ θεοῦ δόσις ὑμῖν, *le
don que vous a fait la divinité.*
(*Synt.,* 47.)
7. Οὐ ῥᾳδίως ἄλλον τοιοῦτον
εὑρήσετε, *vous ne trouverez pas
facilement un autre homme tel que
moi.* Il n'y a rien de plus difficile
à l'orateur que de se donner des
éloges, même lorsqu'il y est con-

ἀτεχνῶς, εἰ καὶ γελοιότερον εἰπεῖν, προσκείμενον τῇ
πόλει ὑπὸ τοῦ θεοῦ, ὥσπερ ἵππῳ μεγάλῳ μὲν καὶ γεν-
ναίῳ, ὑπὸ μεγέθους δὲ νωθεστέρῳ καὶ δεομένῳ ἐγεί-
ρεσθαι ὑπὸ μύωπός τινος[1] · οἷον δή μοι δοκεῖ ὁ θεὸς
ἐμὲ τῇ πόλει προστεθεικέναι τοιοῦτόν τινα, ὃς ὑμᾶς
ἐγείρων καὶ πείθων καὶ ὀνειδίζων ἕνα ἕκαστον οὐδὲν
παύομαι τὴν ἡμέραν ὅλην, πανταχοῦ προσκαθίζων.
Τοιοῦτος οὖν ἄλλος οὐ ῥᾳδίως ὑμῖν γενήσεται, ὦ ἄνδρες, ἀλλ᾽ ἐὰν ἐμοὶ πείθησθε, φείσεσθέ μου. Ὑμεῖς
δ᾽ ἴσως τάχ᾽ ἂν ἀχθόμενοι, ὥσπερ οἱ νυστάζοντες
ἐγειρόμενοι, κρούσαντες ἄν με, πειθόμενοι Ἀνύτῳ,
ῥᾳδίως ἂν ἀποκτείναιτε[2], εἶτα τὸν λοιπὸν βίον καθ-
εύδοντες διατελοῖτ᾽ ἄν, εἰ μή τινα ἄλλον ὁ θεὸς ὑμῖν
ἐπιπέμψειε κηδόμενος ὑμῶν. Ὅτι δ᾽ ἐγὼ τυγχάνω ὢν
τοιοῦτος οἷος ὑπὸ τοῦ θεοῦ τῇ πόλει δεδόσθαι[3], ἐνθένδε
ἂν κατανοήσαιτε · οὐ γὰρ ἀνθρωπίνῳ ἔοικε[4] τὸ ἐμὲ τῶν
μὲν ἐμαυτοῦ ἁπάντων ἠμεληκέναι, καὶ ἀνέχεσθαι τῶν
οἰκείων ἀμελουμένων[5] τοσαῦτα ἤδη ἔτη, τὸ δὲ ὑμέτερον
πράττειν ἀεί, ἰδίᾳ ἑκάστῳ προσιόντα, ὥσπερ πατέρα ἢ
ἀδελφὸν πρεσβύτερον, πείθοντα ἐπιμελεῖσθαι ἀρετῆς.

---

traint. Les louanges que se décerne ici Socrate devaient produire le plus mauvais effet sur l'esprit de ses juges ; et, dans la phrase suivante, il répète une seconde fois la même parole : τοιοῦτος οὖν ἄλλος; Puis il recommence une troisième fois encore : τοιοῦτος οἷος. — Προσκείμενον τῇ πόλει, attaché, assigné à la ville par la divinité.

1. Μύωψ, calcar, stimulus.
2. Ῥᾳδίως ἂν ἀποκτείναιτε, temere interficeretis.

3. Τοιοῦτος οἷος δεδόσθαι. Ordinairement au lieu de οἷος, on met ὥστε après τοιοῦτος. (Synt., 58, note.) — Note l.
4. Οὐκ ἀνθρωπίνῳ ἔοικε, cela ne ressemble pas à un sentiment naturel à l'homme.
5. Ἀνέχεσθαι τῶν οἰκείων ἀμελουμένων, supporter mes affaires négligées. Avec ἀνέχομαι, on met l'accusatif ou le génitif; on dit κακὰ πολλὰ ἀνέχεσθαι et ὄμβρων ἀνέχεσθαι.

Καὶ εἰ μέντοι τι ἀπὸ τούτων ἀπέλαυον, καὶ μισθὸν
λαμβάνων ταῦτα παρεκελευόμην, εἶχον ἄν τινα λόγον[1]·
νῦν δὲ ὁρᾶτε δὴ καὶ αὐτοὶ ὅτι οἱ κατήγοροι, τἆλλα
πάντα ἀναισχύντως οὕτω κατηγοροῦντες, τοῦτό γε
οὐχ οἷοί τε[2] ἐγένοντο ἀπαναισχυντῆσαι, παρασχόμενοι
μάρτυρα, ὡς ἐγώ ποτέ τινα ἢ ἐπραξάμην μισθὸν[3] ἢ
ᾔτησα. Ἱκανὸν γάρ, οἶμαι, ἐγὼ παρέχομαι τὸν μάρτυρα ὡς ἀληθῆ λέγω, τὴν πενίαν.

CHAPITRE XIX

ARGUMENT. Socrate n'a point pris part aux affaires de l'État, parce
que son Génie l'en a détourné. Il savait que partout un homme qui
s'oppose aux passions des multitudes finit bientôt par succomber.

Ἴσως ἂν οὖν δόξειεν ἄτοπον εἶναι, ὅτι δὴ ἐγὼ ἰδίᾳ
μὲν ταῦτα ξυμβουλεύω περιϊὼν καὶ πολυπραγμονῶν[4],
δημοσίᾳ δὲ οὐ τολμῶ ἀναβαίνων εἰς τὸ πλῆθος τὸ
ὑμέτερον ξυμβουλεύειν τῇ πόλει. Τούτου δὲ αἴτιόν
ἐστιν ὃ ὑμεῖς ἐμοῦ πολλάκις ἀκηκόατε πολλαχοῦ
λέγοντος, ὅτι μοι θεῖόν τι καὶ δαιμόνιον γίγνεται,[5]

1. Λόγον, motif d'intérêt.
2. Οὐχ οἷοι τε, ils n'ont pas été
capables. (Synt., 58, note.)
3. Ἐπραξάμην μισθόν. (Vide
sup., p. 14, n. 1.)
4. Πολυπραγμονῶ, je m'occupe
avec empressement des affaires des
autres.
5. Θεῖόν τι καὶ δαιμόνιον γίγνεται, φωνή. Il y a quelque chose de
divin, un génie, une voix qui se
fait entendre à moi, et c'est un des
griefs que Mélitus a inscrits en plai-
santant dans l'acte d'accusation. —
Ἐκ παιδός. Ce génie s'est attaché
à moi dès l'enfance. On a beaucoup
disserté sur le démon de Socrate.
Rien de tout ce qu'on en sait n'o-

φωνή ¹, ὃ δὴ καὶ ἐν τῇ γραφῇ ἐπικωμῳδῶν Μέλητος ἐγράψατο. Ἐμοὶ δὲ τοῦτ' ἐστὶν ἐκ παιδὸς ἀρξάμενον ², φωνή τις γιγνομένη, ἣ, ὅταν γένηται, ἀεὶ ἀποτρέπει με τούτου ὃ ἂν μέλλω πράττειν, προτρέπει δὲ οὔποτε. Τοῦτ' ἐστὶν ὅ μοι ἐναντιοῦται τὰ πολιτικὰ πράττειν. Καὶ παγκάλως γ' ἐμοὶ δοκεῖ ἐναντιοῦσθαι · εὖ γὰρ ἴστε, ὦ ἄνδρες Ἀθηναῖοι, εἰ ἐγὼ πάλαι ἐπεχείρησα πράττειν τὰ πολιτικὰ πράγματα, πάλαι ἂν ἀπολώλη ³, καὶ οὔτ' ἂν ὑμᾶς ὠφελήκη οὐδὲν, οὔτ' ἂν ἐμαυτόν. Καί μοι μὴ ἄχθεσθε λέγοντι τἀληθῆ · οὐ γὰρ ἔστιν ὅστις ἀνθρώπων σωθήσεται ⁴, οὔτε ὑμῖν οὔτι ἄλλῳ πλήθει οὐδενὶ γνησίως ἐναντιούμενος, καὶ διακωλύων πολλὰ ἄδικα καὶ παράνομα ἐν τῇ πόλει γίγνεσθαι, ἀλλ' ἀναγκαῖόν ἐστι τὸν τῷ ὄντι μαχούμενον ὑπὲρ τοῦ δικαίου, καὶ εἰ μέλλει ὀλίγον χρόνον σωθήσεσθαι ⁵, ἰδιωτεύειν, ἀλλὰ μὴ δημοσιεύειν.

bligo à y reconnaitre autre chose que le bon sens et la prudence d'un homme intelligent. Ce génie ne révélait rien à Socrate, ne le poussait jamais à agir, mais se contentait de le retenir et de le détourner d'une action périlleuse. *Divinum quiddam, cui semper ipse paruerit, nunquam impellenti, sæpe revocanti.* (Cic. *de Divin.*, I, 54.)

1. Φωνή, ce mot, qui se retrouve deux lignes plus bas, paraît ici une glose qui de la marge aura passé dans le texte.

2. Ἐκ παιδὸς ἀρξάμενον, *ayant commencé à me conseiller dès mon enfance.*

3. Ἀπολώλη, ὠφελήκη, forme attique du plus-que-parfait, pour ἀπολώλειν, ὠφελήκειν. Les Ioniens font ce temps en εα, εας, εε, et les Attiques le contractent en η, ης, η. (*Gramm.*, 109.)

4. Οὐκ ἔστιν ὅστις σωθήσεται pour οὐδεὶς σωθήσεται. Cette maxime se vérifie souvent dans les États où les multitudes commandent. — Note *m.*

5. Καὶ εἰ μέλλει, pour peu qu'il veuille être sain et sauf pendant quelque temps, *etiamsi parum temporis salvus esse velit.* Καὶ εἰ se traduit par *etiamsi;* εἰ καὶ par *quamvis.*

CHAPITRE XX

ARGUMENT. La preuve que la mort ne l'effraye pas, c'est qu'il s'est opposé deux fois à des actes injustes, au péril de sa vie.

Μεγάλα δ' ἔγωγε ὑμῖν τεκμήρια παρέξομαι τούτων, οὐ λόγους, ἀλλ' ὃ ὑμεῖς τιμᾶτε, ἔργα. Ἀκούσατε δή μου τὰ ἐμοὶ ξυμβεβηκότα, ἵν' εἰδῆτε ὅτι οὐδ' ἂν ἑνὶ ὑπεικάθοιμι[1] παρὰ τὸ δίκαιον δείσας θάνατον, μὴ ὑπείκων δὲ ἅμ.' ἂν ἀπολοίμην. Ἐρῶ δὲ ὑμῖν φορτικὰ μὲν καὶ δικανικὰ[2], ἀληθῆ δέ. Ἐγὼ γάρ, ὦ ἄνδρες Ἀθηναῖοι, ἄλλην μὲν ἀρχὴν οὐδεμίαν πώποτε ἦρξα ἐν τῇ πόλει, ἐβούλευσα δέ[3]· καὶ ἔτυχεν ἡμῶν ἡ φυλὴ Ἀντιοχὶς πρυτανεύουσα[4], ὅτε ὑμεῖς τοὺς δέκα στρατηγοὺς[5], τοὺς οὐκ ἀνελομένους τοὺς ἐκ τῆς ναυμαχίας,

1. Ὑπεικάθοιμι pour ὑπείκοιμι, afin que vous sachiez que je suis décidé à ne céder à personne contre la justice. — Μὴ ὑπείκων δέ, c'est-à-dire καὶ ὅτι μὴ ὑπείκων, ἅμ' ἂν ἀπολοίμην, et que, ne cédant pas, je dois par là même périr.

2. Φορτικά, des paroles difficiles à supporter, déplaisantes. — Δικανικά, des paroles vives, comme il en échappe dans le barreau, dans les causes judiciaires.

3. Ἐβούλευσα δέ, je n'ai exercé aucune charge publique, sinon que j'ai été sénateur.

4. Πρυτανεύουσα. La population de l'Attique était divisée en dix tribus. Chaque tribu fournissait cinquante sénateurs, et gouvernait par eux pendant trente-cinq jours. Les cinquante membres chargés alors de l'autorité prenaient le nom de prytanes et étaient nourris aux frais de l'État dans l'édifice public, nommé Prytanée. Πρυτανεύω vient de πρῶτος.

5. Τοὺς δέκα στρατήγους. Les dix généraux qui commandaient la flotte d'Athènes (l'an 406 av. J.-C.) défirent, près des îles Arginuses, les Lacédémoniens commandés par Callicratidas. Mais une tempête les empêcha d'ensevelir les morts.

ἐϐουλεύσασθε ἀθρόους κρίνειν, παρανόμως ¹, ὡς ἐν τῷ
ὑσ·έρῳ χρόνῳ πᾶσιν ὑμῖν ἔδοξε. Τότ' ἐγὼ μόνος τῶν
πρυτάνεων ἠναντιώθην ὑμῖν μηδὲν ποιεῖν ² παρὰ τοὺς
νόμους, καὶ ἐναντία ἐψηφισάμην· καὶ ἑτοίμων ὄντων
ἐνδεικνύναι με καὶ ἀπάγειν ³ τῶν ῥητόρων ⁴, καὶ ὑμῶν
κελεύοντων καὶ βοώντων, μετὰ τοῦ νόμου καὶ τοῦ δικαίου ᾤμην μᾶλλόν με δεῖν διακινδυνεύειν, ἢ μεθ' ὑμῶν
γενέσθαι μὴ δίκαια βουλευομένων, φοϐηθέντα δεσμὸν
ἢ θάνατον.

Καὶ ταῦτα μὲν ἦν ἔτι δημοκρατουμένης τῆς πόλεως ⁵. Ἐπειδὴ δὲ ὀλιγαρχία ⁶ ἐγένετο, οἱ τριάκοντα
αὖ, μεταπεμψάμενοί με πέμπτον αὐτὸν εἰς τὴν Θόλον ⁷, προσέταξαν ἀγαγεῖν ἐκ Σαλαμῖνος Λέοντα ⁸ τὸν
Σαλαμίνιον, ἵν' ἀποθάνοι· οἷα δὴ καὶ ἄλλοις ἐκεῖνοι
πολλοῖς πολλὰ προσέταττον, βουλόμενοι ὡς πλεί-
στους ἀναπλῆσαι αἰτιῶν ⁹. Τότε μέντοι ἐγὼ, οὐ λόγῳ,
ἀλλ' ἔργῳ ¹⁰, αὖ ἐνεδειξάμην ὅτι ἐμοὶ θανάτου μὲν μέ-

1. Ἀθρόους κρίνειν, παρανόμως.
La loi voulait que tout accusé fût
jugé séparément.
2. Ἠναντιώθην μηδὲν ποιεῖν.
Après les verbes qui contiennent
une négation, on met μὴ ou μηδέν.
(Synt., 195.) Nous disons de même :
« Je l'empêchai de rien faire. »
3. Ἐνδεικνύναι, me dénoncer;
ἀπάγειν, m'entraîner devant le tribunal qui juge les criminels.
4. Τῶν ῥητόρων, les orateurs
publics, notamment Callixène, qui
mourut de faim, chargé de la haine
générale. — Note n.
5. Δημοκρατουμένης της πόλεως,
sous le gouvernement démocratique,
avant la bataille d'Ægos-Potamos
remportée par Lysandre, l'an 405.
6. Ὀλιγαρχία. Lysandre établit

dans Athènes le gouvernement des
Trente.
7. Εἰς τὴν Θόλον. Le Tholus,
édifice circulaire et voûté, était le
même que le Prytanée.
8. Λέοντα. Léon, citoyen d'A-
thènes, avait amassé des richesses
considérables. Craignant d'être mis
à mort par les Trente, il s'était
réfugié à Salamine.
9. Ἀναπλῆσαι αἰτιῶν, ils voulaient compromettre le plus de
monde qu'ils pourraient. Mot à
mot : remplir le plus possible la
ville d'accusations contre des citoyens qu'ils auraient rendus leurs
complices.
10. Ἔργῳ, en fait, en refusant
d'obéir.

λει, εἰ μὴ ἀγροικότερον ἦν εἰπεῖν, οὐδ' ὁτιοῦν, τοῦ δὲ μηδὲν ἄδικον μηδ' ἀνόσιον ἐργάζεσθαι, τούτου δὲ τὸ πᾶν μέλει. Ἐμὲ γὰρ ἐκείνη ἡ ἀρχὴ οὐκ ἐξέπληξεν, οὕτως ἰσχυρὰ οὖσα, ὥστε ἄδικόν τι ἐργάσασθαι· ἀλλ', ἐπειδὴ ἐκ τῆς Θόλου ἐξήλθομεν, οἱ μὲν τέτταρες[1] ᾤχοντο εἰς Σαλαμῖνα[2], καὶ ἤγαγον Λέοντα, ἐγὼ δὲ ᾠχόμην ἀπιὼν οἴκαδε. Καὶ ἴσως ἂν διὰ ταῦτ' ἀπέθανον, εἰ μὴ ἡ ἀρχὴ διὰ ταχέων[3] κατελύθη. Καὶ τούτων ὑμῖν ἔσονται πολλοὶ μάρτυρες.

CHAPITRE XXI

ARGUMENT. Il a accueilli également tous ceux qui ont voulu assister à ses conversations, et n'a jamais exigé d'argent de ceux qui venaient l'interroger. Il n'a point eu de doctrine secrète enseignée aux uns et cachée aux autres.

Ἆρ' οὖν ἄν με οἴεσθε τοσάδε ἔτη διαγενέσθαι[4], εἰ ἔπραττον τὰ δημόσια, καὶ πράττων ἀξίως ἀνδρὸς ἀγαθοῦ ἐβοήθουν τοῖς δικαίοις καὶ, ὥσπερ χρή, τοῦτο περὶ πλείστου ἐποιούμην; Πολλοῦ γε δεῖ, ὦ ἄνδρες

1. Οἱ τέτταρες, les quatre autres qui avaient été mandés avec moi.
2. Σαλαμῖνα, Salamine, île de la mer Égée, dans le golfe Saronique près d'Athènes. — Ὠχόμην ἀπιὼν οἴκαδε, de là je m'en allai tout droit dans ma maison.
3. Διὰ ταχέων, comme ταχέως ou ταχύ, brevi. — Κατελύθη. Les trente tyrans furent chassés par Thrasybule. Leur gouvernement avait duré moins d'un an.
4. Ἆρ' οἴεσθε με τοσάδε ἔτη ἂν διαγενέσθαι, croyez-vous que j'eusse vécu tant d'années? — Τοῖς δικαίοις, les choses justes, la justice.

Ἀθηναῖοι· οὐδὲ γὰρ ἂν ἄλλος ἀνθρώπων οὐδείς[1].
Ἀλλ' ἐγὼ διὰ παντὸς τοῦ βίου, δημοσίᾳ τε εἴ πού τι
ἔπραξα, τοιοῦτος φανοῦμαι, καὶ ἰδίᾳ ὁ αὐτὸς οὗτος[2],
οὐδενὶ πώποτε ξυγχωρήσας οὐδὲν παρὰ τὸ δίκαιον, οὔτε
ἄλλῳ, οὔτε τούτων οὐδενί, οὓς δὴ οἱ διαβάλλοντες ἐμέ
φασιν ἐμοὺς μαθητὰς[3] εἶναι. Ἐγὼ δὲ διδάσκαλος μὲν
οὐδενὸς πώποτ' ἐγενόμην· εἰ δέ τις ἐμοῦ λέγοντος καὶ
τὰ ἐμαυτοῦ πράττοντος[4] ἐπιθυμοῖ ἀκούειν, εἴτε νεώ-
τερος, εἴτε πρεσβύτερος, οὐδενὶ πώποτε ἐφθόνησα. Οὐδὲ
χρήματα μὲν λαμβάνων διαλέγομαι, μὴ λαμβάνων
δ' οὔ[5]· ἀλλ' ὁμοίως καὶ πλουσίῳ καὶ πένητι παρέχω
ἐμαυτὸν ἐρωτᾷν[6], καὶ ἐάν τις βούληται ἀποκρινόμενος
ἀκούειν ὧν ἂν λέγω. Καὶ τούτων[7] ἐγώ, εἴτε τις χρη-
στὸς γίγνεται, εἴτε μή, οὐκ ἂν δικαίως τὴν αἰτίαν
ὑπέχοιμι, ὧν μήτε ὑπεσχόμην[8] μηδενὶ μηδὲν πώποτε

---

1. Οὐδείς, sous-entendu ἂν διε-
γένετο.

2. Avec καὶ ἰδίᾳ ὁ αὐτὸς οὗτος,
répétez φανοῦμαι. — Ξυγχωρήσας,
*n'ayant jamais rien accordé à per-
sonne contre la justice.*

3. Ἐμοὺς μαθητάς. On désignait
spécialement Alcibiade et Critias,
(Critias fut l'un des Trente,) et
l'on disait qu'ils avaient pris leurs
vices à l'école de Socrate.

4. Τὰ ἐμαυτοῦ πράττοντος, *faisant mes affaires, remplissant mes
fonctions.* Or l'affaire de Socrate et
sa fonction était d'étudier la sagesse
et de raisonner sur la vertu avec
ceux qui voulaient l'entendre. —
Ἐπιθυμοῖ, optatif, *si quis cuperet.*
— Οὐδενὶ ἐφθόνησα, *hoc nulli
invidi,* c'est-à-dire *je n'ai refusé
cela à personne.*

5. Οὐδέ placé en tête de deux

propositions ne nie pas la première,
mais l'ensemble des deux. C'est
comme s'il y avait : οὐδέ, *ceci est
faux,* savoir que je parle quand je
reçois de l'argent, et que je ne
parle pas quand je n'en reçois pas.
(*Synt.*, 193.)

6. Παρέχω ἐμαυτὸν ἐρωτᾷν,
præbeo me interrogandum.

7. Καὶ τούτων, *si ex illis.* —
οὐκ ἂν δικαίως τὴν αἰτίαν ὑπέχοιμι, *je ne dois pas être considéré
comme cause de leurs vertus ni de
leurs vices.*

8. Ὧν μήτε ὑπεσχόμην. Pour
mieux comprendre cette phrase,
analysez ὧν en ὅτι αὐτῶν. Vous
avez alors ce sens : « Si quelqu'un
de ceux-là devient bon ou mauvais, je n'en suis pas responsable,
parce que je n'ai jamais promis une
leçon à aucun d'eux, ni ne leur en

μάθημα, μήτε ἐδίδαξα. Εἰ δέ τίς φησι παρ' ἐμοῦ πώποτέ τι μαθεῖν ἢ ἀκοῦσαι ἰδίᾳ[1], ὅ τι μὴ καὶ οἱ ἄλλοι πάντες, εὖ ἴστε ὅτι οὐκ ἀληθῆ λέγει.

CHAPITRE XXII

ARGUMENT. Un grand nombre de jeunes Athéniens ont entendu ses discours. Plusieurs sont présents dans cette assemblée. S'il les a pervertis, comment se fait-il qu'aucun ne se lève pour le dénoncer? Et pourquoi Mélitus n'en peut-il citer un seul?

Ἀλλὰ διὰ τί δήποτε μετ' ἐμοῦ χαίρουσί τινες πολὺν χρόνον διατρίβοντες[2]; Ἀκηκόατε, ὦ ἄνδρες Ἀθηναῖοι· πᾶσαν ὑμῖν τὴν ἀλήθειαν ἐγὼ εἶπον, ὅτι ἀκούοντες χαίρουσιν ἐξεταζομένοις τοῖς οἰομένοις μὲν εἶναι σοφοῖς[3], οὖσι δ' οὔ· ἔστι γὰρ οὐκ ἀηδές. Ἐμοὶ δὲ τοῦτο[4], ὡς ἐγώ φημι, προστέτακται ὑπὸ τοῦ θεοῦ πράττειν, καὶ

al donné, αὐτῶν μηδενί.» Socrate a simplement conversé avec ceux qui voulaient l'entendre.

1. Ἰδίᾳ. Ce mot désigne un enseignement particulier et secret. Il n'a point eu deux doctrines, l'une publique, l'autre secrète.

2. Διὰ τί μετ' ἐμοῦ χαίρουσι διατρίβοντες; *cur placet illis conversari mecum?* Le verbe qui dépend de χαίρω se met au participe. (*Synt.*, 215, *Rem.*) Voyez c. X, n. 2. — En outre, on dit χαίρω τινι ou ἐπί τινι, *gaudere aliqua re.*

3. Τοῖς οἰομένοις εἶναι σοφοῖς. L'attribut se met au cas du sujet (οἰομένοις), qui est ici au datif. (*Synt.*, 256.)

4. Τοῦτο, c'est-à-dire τὸ ἐξετάζειν, *discuter la sagesse des autres.* — Ἐκ μαντειῶν, quels oracles? Nous n'en connaissons qu'un, et il n'ordonne rien à Socrate. — Ἐξ ἐνυπνίων, il y a des songes qui viennent de la divinité. Mais ces songes ne sont guère admis devant un tribunal pour la justification d'un accusé. Il fallait à Socrate une autre preuve de sa mission divine que des rêves. — Θεία μοῖρα, *divina sors,* une puissance divine.

ἐκ μαντειῶν, καὶ ἐξ ἐνυπνίων, καὶ παντὶ τρόπῳ, ᾧπερ
τίς ποτέ καὶ ἄλλη θεία μοῖρα ἀνθρώπῳ καὶ ὁτιοῦν προσ-
έταξε πράττειν. Ταῦτα, ὦ ἄνδρες Ἀθηναῖοι, καὶ ἀληθῆ
ἐστι καὶ εὐέλεγκτα[1]. Εἰ γὰρ δὴ ἔγωγε τῶν νεωτέρων
τοὺς μὲν διαφθείρω, τοὺς δὲ διέφθαρκα, χρῆν[2] δήπου,
εἴτε τινὲς αὐτῶν, πρεσβύτεροι γενόμενοι, ἔγνωσαν ὅτι
νέοις οὖσιν αὐτοῖς ἐγὼ κακὸν πώποτέ τι ξυνεβούλευσα,
νυνὶ αὐτοὺς ἀναβαίνοντας ἐμοῦ κατηγορεῖν καὶ τιμωρεῖσθαι · εἰ δὲ μὴ αὐτοὶ ἤθελον, τῶν οἰκείων τινὰς τῶν
ἐκείνων, πατέρας καὶ ἀδελφοὺς, καὶ ἄλλους τοὺς προσ-
ήκοντας, εἴπερ ὑπ' ἐμοῦ τι κακὸν ἐπεπόνθεσαν αὐτῶν οἱ
οἰκεῖοι, νῦν μεμνῆσθαι. Πάντως δὲ πάρεισιν αὐτῶν πολλοὶ ἐνταυθοῖ[3], οὓς ἐγὼ ὁρῶ, πρῶτον μὲν Κρίτων[4] οὑτοσὶ,
ἐμὸς ἡλικιώτης καὶ δημότης, Κριτοβούλου τοῦδε πατήρ · ἔπειτα Λυσανίας ὁ Σφήττιος, Αἰσχίνου[5] τούτου
πατήρ · ἔτι δ' Ἀντιφῶν ὁ Κηφισιεὺς οὑτοσὶ, Ἐπι-
γένους πατήρ. Ἄλλοι τοίνυν οὗτοι, ὧν οἱ ἀδελφοὶ ἐν
ταύτῃ τῇ διατριβῇ γεγόνασι[6], Νικόστρατος ὁ Θεοσδο-
τίδου, ἀδελφὸς Θεοδότου (καὶ ὁ μὲν Θεόδοτος τετελεύ-

1. Εὐέλεγκτα, ces choses sont faciles à prouver. Il en est qui tra-
duisent « faciles à réfuter », si elles
n'étaient pas vraies. C'est le sens
que paraît adopter Cousin. Mais
ἐλέγχω a certainement la signification de « démontrer, établir par
des preuves certaines ». Les deux
adjectifs que nous trouvons unis
ensemble, καὶ ἀληθῆ, καὶ εὐέλεγκτα, doivent s'interpréter ainsi :
« vraies et faciles à démontrer
vraies. »
2. Χρῆν pour ἐχρῆν, p. 6, n. 2.
— Τιμωρεῖσθαι, tirer vengeance de

moi.
3. Πάρεισιν ἐνταυθοῖ, sont présents, étant venus ici, car ἐνταυθοῖ
marque le mouvement.
4. Criton, ami de Socrate, son
disciple, du même bourg, du même
âge. — Ἐμὸς δημότης, en latin
popularis. Il était du même bourg
que Socrate, d'Alopèce.
5. Αἰσχίνου, ce n'est pas l'orateur rival de Démosthène.
6. Διατριβή, exercice d'esprit,
ils ont fréquenté nos conversations.

τηκεν, ὥστε οὐκ ἂν ἐκεῖνός γε αὐτοῦ καταδενθείη[1]),
καὶ Πάραλος ὅδε ὁ Δημοδόκου, οὗ ἦν Θεάγης ἀδελφός·
ὅδε τε Ἀδείμαντος, ὁ Ἀρίστωνος, οὗ ἀδελφὸς οὑτοσὶ
Πλάτων[2], καὶ Αἰαντόδωρος, οὗ Ἀπολλόδωρος ὅδε
ἀδελφός. Καὶ ἄλλους πολλοὺς ἐγὼ ἔχω ὑμῖν εἰπεῖν,
ὧν τινα ἐχρῆν μάλιστα μὲν ἐν τῷ ἑαυτοῦ λόγῳ παρασχέσθαι Μέλητον μάρτυρα· εἰ δὲ τότε ἐπελάθετο, νῦν
παρασχέσθω, ἐγὼ παραχωρῶ[3], καὶ λεγέτω εἴ τι ἔχει
τοιοῦτον. Ἀλλὰ τούτου πᾶν τοὐναντίον εὑρήσετε, ὦ
ἄνδρες, πάντας ἐμοὶ βοηθεῖν ἑτοίμους τῷ διαφθείροντι,
τῷ κακὰ ἐργαζομένῳ τοὺς οἰκείους αὐτῶν, ὥς φασι
Μέλητος καὶ Ἄνυτος. Αὐτοὶ μὲν γὰρ οἱ διεφθαρμένοι
τάχ' ἂν λόγον ἔχοιεν βοηθοῦντες[4]· οἱ δὲ ἀδιάφθαρτοι,
πρεσβύτεροι ἤδη ἄνδρες, οἱ τούτων προσήκοντες, τίνα
ἄλλον ἔχουσι λόγον βοηθοῦντες ἐμοί, ἀλλ' ἤ[5] τὸν ὀρθόν
τε καὶ δίκαιον, ὅτι ξυνίσασι Μελήτῳ μὲν ψευδομένῳ,
ἐμοὶ δὲ ἀληθεύοντι;

1. Οὐκ ἂν ἐκεῖνός γε αὐτοῦ καταδενθείη, en sorte que celui-là du
moins (Théodote) ne saurait sup-
plier son frère de ne pas m'accuser.
Καταδέομαι, dehortari precibus. —
Καὶ Πάραλος. Et Paralus, dont le
frère Théagès est mort de même,
est libre de parler, comme Nico-
strate.

2. Πλάτων. On est content de
voir paraître ici le nom de Platon,
l'auteur même qui rédige l'Apologie.

3. Παραχωρῶ, je lui cède la

parole. — Note o.

4. Λόγον ἔχοιεν βοηθοῦντες, ceux
que j'aurais pervertis auraient peut-
être, dans leur corruption, un motif
de me porter secours.

5. Ἀλλ' ἤ, sinon. « Mais leurs parents, quelle raison les porte à se
prononcer pour moi, sinon...? » Cette
énumération est excellente. L'appel
qu'il fait à ses disciples et à leurs
parents, et le défi qu'il porte à Mélitus prouvent manifestement que
Socrate n'a pas corrompu la jeunesse.

CHAPITRE XXIII

Argument. S'il ne recourt point aux supplications et aux larmes pour fléchir ses juges, ce n'est point arrogance de sa part. Il s'abstient de ces lamentations par respect pour lui-même, pour ses juges et pour la dignité de sa patrie.

Εἶεν δὴ, ὦ ἄνδρες · ἃ μὲν ἐγὼ ἔχοιμ.' ἂν ἀπολογεῖσθαι, σχεδόν τί ἐστι ταῦτα, καὶ ἄλλα ἴσως τοιαῦτα.
Τάχα δ᾽ ἄν τις ὑμῶν [1] ἀγανακτήσειεν ἀναμνησθεὶς
ἑαυτοῦ, εἰ ὁ μὲν καὶ ἐλάττω τουτουὶ τοῦ ἀγῶνος ἀγῶνα
ἀγωνιζόμενος ἐδεήθη τε καὶ ἱκέτευσε [2] τοὺς δικαστὰς
μετὰ πολλῶν δακρύων, παιδία τε αὑτοῦ ἀναβιβασάμενος [3], ἵνα ὅτι μάλιστα ἐλεηθείη, καὶ ἄλλους τῶν
οἰκείων καὶ φίλων πολλούς, ἐγὼ δὲ οὐδὲν ἄρα τούτων
ποιήσω [4], καὶ ταῦτα κινδυνεύων, ὡς ἂν δόξαιμι, τὸν
ἔσχατον κίνδυνον· Τάχ᾽ ἂν οὖν τις ταῦτα ἐννοήσας
αὐθαδέστερον ἂν πρός με σχοίη [5], καὶ ὀργισθεὶς αὐτοῖς
τούτοις θεῖτο ἂν μετ᾽ ὀργῆς τὴν ψῆφον. Εἰ δή τις ὑμῶν

1. Τάχα δ᾽ ἄν τις. Quelqu'un d'entre vous s'indignera peut-être contre moi en se rappelant ce qu'il a fait lui-même.

2. Ἱκέτευσε gouverne l'accusatif et ἐδεήθη le génitif. On met δικα-στάς à l'accusatif, comme régime du verbe le plus rapproché. (Synt., 92.)

3. Ἀναβιβασάμενος. (V.p.10,n.3.)

4. Voici la structure de cette longue phrase : ἀγανακτήσειεν ἄν τις, εἰ ὁ μὲν (c'est-à-dire αὐτὸς) ἱκέτευσεν, ἐγὼ δὲ οὐδὲν τούτων ποιήσω. — Καὶ ταῦτα, et cela. (Synt., 805.)

5. Αὐθαδέστερον ἂν πρός με σχοίη, il montrera contre moi des sentiments plus durs et plus arrogants.

οὕτως ἔχει, — οὐκ ἀξιῶ [1] μὲν γὰρ ἔγωγε, — εἰ δ' οὖν[2],
ἐπιεικῆ ἄν μοι δοκῶ πρὸς τοῦτον λέγειν λόγον, ὅτι·
Ἐμοὶ, ὦ ἄριστε, εἰσὶ μέν πού τινες καὶ οἰκεῖοι. Καὶ
γὰρ τοῦτο αὐτὸ τὸ τοῦ Ὁμήρου [3], οὐδ' ἐγὼ ἀπὸ δρυὸς,
οὐδ' ἀπὸ πέτρης πέφυκα, ἀλλ' ἐξ ἀνθρώπων, ὥστε καὶ
οἰκεῖοί μοί εἰσι καὶ υἱεῖς γε, ὦ ἄνδρες Ἀθηναῖοι, τρεῖς,
εἷς μὲν μειράκιον [4] ἤδη, δύο δὲ παιδία. Ἀλλ' ὅμως
οὐδέν' αὐτῶν δεῦρο ἀναβιβασάμενος δεήσομαι ὑμῶν
ἀποψηφίσασθαι [5]. Τί δὴ οὖν οὐδὲν τούτων ποιήσω;
Οὐκ αὐθαδιζόμενος, ὦ ἄνδρες Ἀθηναῖοι, οὐδ' ὑμᾶς
ἀτιμάζων· ἀλλ' εἰ μὲν θαῤῥαλέως ἐγὼ ἔχω πρὸς θάνατον, ἢ μή, ἄλλος λόγος [6]· πρὸς δ' οὖν δόξαν [7], καὶ
ἐμοὶ, καὶ ὑμῖν, καὶ ὅλῃ τῇ πόλει, οὔ μοι δοκεῖ καλὸν
εἶναι ἐμὲ τούτων οὐδὲν ποιεῖν [8], καὶ τηλικόνδε ὄντα καὶ
τοῦτο τοὔνομα ἔχοντα, εἴτ' οὖν ἀληθὲς, εἴτ' οὖν ψεῦδος [9]· ἀλλ' οὖν δεδογμένον γέ ἐστι [10] τὸν Σωκράτην

1. Οὐκ ἀξιῶ, je ne le crois pas.
2. Εἰ δ' οὖν, sous-entendez τις
ὑμῶν οὕτως ἔχει, mais si quelqu'un d'entre vous était dans ces
sentiments. Quand εἰ est répété, avec
opposition, l'on met οὖν avec εἰ
la seconde fois. (Synt., 234.)
3. Τὸ τοῦ Ὁμήρου, sous-entendez ad me pertinet, ou simplement
κατά, secundum illud Homeri. Pé-
nélope dit à Ulysse, qu'elle n'a pas
encore reconnu : « Vous n'êtes pas
né d'un chêne antique, ni d'un
rocher, » οὐ γὰρ ἀπὸ δρυός ἐσσι
παλαιφάτου, οὐδ' ἀπὸ πέτρης.
(Od., XIX, 103.)
4. Μειράκιον, adolescent. Les
trois fils de Socrate se nommaient
Lamproclès, Sophronisque et Mé-
nexène.
5. Ἀποψηφίσασθαι, je ne vous

supplierai point de repousser l'accusation par vos suffrages.
6. Ἄλλος λόγος, c'est un autre
discours, c'est une autre question.
7. Πρὸς δ' οὖν δόξαν, pour ce
qui concerne la gloire, l'honneur.
— Notez οὖν marquant la phrase
mise en opp avec εἰ.
8. Οὔ μοι οὐδὲν, négation ren-
forcée. (Synt., 191.) — Τοῦτο
τοὔνομα, le nom de sage.
9. Εἴτ' οὖν ἀληθὲς, εἴτ' οὖν
ψεῦδος. Notez encore la double
particule οὖν (Synt., 234) marquant l'opposition des deux propositions. — Ψεῦδος, faussement,
pour κατὰ ψεῦδος; c'est le nom
mis pour l'adjectif.
10. Δεδογμένον ἐστί, c'est une
opinion reçue du vulgaire. — Διαφέρειν τινὶ, re aliqua excellere.

2*

διαφέρειν τινὶ τῶν πολλῶν ἀνθρώπων. Εἰ οὖν ὑμῶν οἱ
δοκοῦντες διαφέρειν [1], εἴτε σοφίᾳ, εἴτε ἀνδρείᾳ, εἴτε
ἄλλῃ ἡτινιοῦν ἀρετῇ, τοιοῦτοι ἔσονται [2], αἰσχρὸν ἂν
εἴη · οἵουσπερ [3] ἐγὼ πολλάκις ἑώρακά τινας, ὅταν κρί-
νωνται, δοκοῦντας μέν τι εἶναι [4], θαυμάσια [5] δὲ ἐργαζομένους, ὡς δεινόν τι οἰομένους πείσεσθαι, εἰ ἀποθα-
νοῦνται, ὥσπερ ἀθανάτων ἐσομένων, ἐὰν ὑμεῖς αὐτοὺς
μὴ ἀποκτείνητε · οἳ ἐμοὶ δοκοῦσιν αἰσχύνην τῇ πόλει
περιάπτειν, ὥστ' ἄν τινα καὶ τῶν ξένων ὑπολαβεῖν [6]
ὅτι οἱ διαφέροντες Ἀθηναίων εἰς ἀρετὴν, οὓς αὐτοὶ
ἑαυτῶν ἔν τε ταῖς ἀρχαῖς καὶ ταῖς ἄλλαις τιμαῖς προ-
κρίνουσιν, οὗτοι γυναικῶν οὐδὲν διαφέρουσι. Ταῦτα
γὰρ, ὦ ἄνδρες Ἀθηναῖοι, οὔτε ἡμᾶς χρὴ ποιεῖν τοὺς
δοκοῦντας καὶ ὁπητιοῦν τι εἶναι [7], οὔτ', ἂν ἡμεῖς
ποιῶμεν, ὑμᾶς ἐπιτρέπειν, ἀλλὰ τοῦτο αὐτὸ ἐνδείκνυ-

---

1. Οἱ δοκοῦντες διαφέρειν, *ceux
d'entre vous qui passent pour être
distingués des autres.*
2. Τοιοῦτοι ἔσονται, *s'ils sont
tels que ceux dont je viens de parler,* suppliant, pleurant, montrant
leurs enfants.
3. Οἵουσπερ. La phrase parais-
sait finie avec αἰσχρὸν ἂν εἴη, *ce
serait une chose honteuse.* Mais Socrate la reprend et la continue en
rattachant οἵουσπερ à τοιοῦτοι,
tels que j'en ai vu souvent. Régulièrement il devait commencer une
nouvelle phrase après αἰσχρὸν ἂν
εἴη, et, au lieu d'οἵουσπερ, mettre
τοιούτους μέντοι ἐγὼ πολλάκις
ἑώρακά τινας, *tales tamen ego sæpe
vidi.*
4. Δοκοῦντας μέν τι εἶναι,
*qui passaient pour être quelque
chose.*
5. Θαυμάσια δὲ ἐργαζομένους,

*ils faisaient des choses d'une bas-
sesse étonnante, s'imaginant qu'ils
souffriraient quelque chose d'affreux
s'ils mouraient, comme s'ils devaient être immortels si vous ne
les faisiez pas mourir.* — Ce dédain
superbe de la mort est affecté. La
crainte de la mort est naturelle à
l'homme, même au juste; à plus
forte raison au philosophe païen,
qui ignore ce qui l'attend au delà
du tombeau, si c'est le bonheur, le
supplice ou le néant.
6. Ὥστε. Construisez : ὥστε τινὰ
καὶ τῶν ξένων ὑπολαβεῖν ἂν ὅτι...
*en sorte que chacun même des étran-
gers pourrait penser que ceux des
Athéniens qui l'emportent par leur
mérite...* — Note p.
7. Ὁπητιοῦν, *nous qui passons
pour être quelque chose (avoir quelque mérite) en quelque manière que
ce soit.*

σθαι, ὅτι πολὺ μᾶλλον καταψηφιεῖσθε¹ τοῦ τὰ ἐλεεινὰ ταῦτα δράματα² εἰσάγοντος, καὶ καταγέλαστον τὴν πόλιν ποιοῦντος, ἢ τοῦ ἡσυχίαν ἄγοντος.

CHAPITRE XXIV

ARGUMENT. Les supplications adressées aux juges sont contraires au devoir des juges et au serment qu'ils ont prononcé.

Χωρὶς δὲ τῆς δόξης³, ὦ ἄνδρες, οὐδὲ δίκαιόν μοι δοκεῖ εἶναι δεῖσθαι τοῦ δικαστοῦ, οὐδὲ δεόμενον ἀποφεύγειν, ἀλλὰ διδάσκειν καὶ πείθειν. Οὐ γὰρ ἐπὶ τούτῳ κάθηται ὁ δικαστής, ἐπὶ τῷ καταχαρίζεσθαι τὰ δίκαια⁴, ἀλλ' ἐπὶ τῷ κρίνειν ταῦτα· καὶ ὀμώμοκεν⁵ οὐ χαριεῖσθαι οἷς ἂν δοκῇ αὐτῷ, ἀλλὰ δικάσειν κατὰ τοὺς νόμους. Οὔκουν⁶ χρὴ οὔτε ἡμᾶς ἐθίζειν ὑμᾶς ἐπιορκεῖν, οὔθ' ὑμᾶς ἐθίζεσθαι· οὐδέτεροι γὰρ ἂν ἡμῶν εὐσεβοῖεν. Μὴ οὖν ἀξιοῦτέ με, ὦ ἄνδρες Ἀθηναῖοι, τοιαῦτα δεῖν

1. Καταψηφιεῖσθε, futur attique pour καταψηφίσεσθε. (Gram., 66.)
2. Ἐλεεινὰ δράματα εἰσάγειν, introduire devant le tribunal des scènes d'attendrissement, comme au théâtre. Construisez : μᾶλλον καταψηφιεῖσθε τοῦ δράματα εἰσάγοντος, ἢ τοῦ ἡσυχίαν ἄγοντος.
3. Χωρὶς δὲ τῆς δόξης, indépendamment de l'opinion publique et de l'estime des hommes. — Δεόμενον ἀποφεύγειν, devoir son acquittement à ses prières.

4. Καταχαρίζεσθαι τὰ δίκαια, accorder une faveur à quelqu'un aux dépens de la justice.
5. Ὀμώμοκεν. Voici quelle était la formule du serment : « Je jure de juger selon les lois dans les questions décidées par les lois, et selon l'équité dans les questions que les lois n'ont point décidées. »
6. Οὔκουν, non igitur. Au contraire, οὔκουν avec circonflexe sur la finale, signifie igitur.

πρὸς ὑμᾶς πράττειν, ἃ μήτε ἡγοῦμαι καλὰ εἶναι μήτε
ὅσια¹, ἄλλως τε πάντως νὴ Δία, μάλιστα μέντοι καὶ
ἀσεβείας φεύγοντα² ὑπὸ Μελήτου τουτουΐ. Σαφῶς
γὰρ ἂν, εἰ πείθοιμι ὑμᾶς³, καὶ τῷ δεῖσθαι βιαζοίμην
ὀμωμοκότας, θεοὺς ἂν διδάσκοιμι μὴ ἡγεῖσθαι ὑμᾶς
εἶναι, καὶ ἀτεχνῶς ἀπολογούμενος κατηγοροίην ἂν
ἐμαυτοῦ⁴, ὡς θεοὺς οὐ νομίζω. Ἀλλὰ πολλοῦ δεῖ
οὕτως ἔχειν· νομίζω τε γὰρ, ὦ ἄνδρες Ἀθηναῖοι, ὡς
οὐδεὶς⁵ τῶν ἐμῶν κατηγόρων, καὶ ὑμῖν ἐπιτρέπω καὶ
τῷ θεῷ κρῖναι περὶ ἐμοῦ ὅπη μέλλει ἐμοί τε ἄριστα
εἶναι καὶ ὑμῖν⁶.

1. Μήτε ὅσια, ni conformes à la
sainteté de la religion.
2. Ἀσεβείας φεύγοντα, étant
accusé d'impiété.
3. Εἰ πείθοιμι ὑμᾶς, καὶ τῷ
δεῖσθαι βιαζοίμην. Inversion. Construisez : εἰ τῷ δεῖσθαι ὑμᾶς πείθοιμι καὶ βιαζοίμην, si precibus
vos suaderem et cogerem.
4. Ἀπολογούμενος κατηγοροίην
ἂν ἐμαυτοῦ. Remarquez l'antithèse :
« je m'accuserais en me défendant. »

5. Ὡς οὐδείς. « Je crois aux
dieux comme pas un de mes accusateurs. »
6. Ὑμῖν. Si cette péroraison n'est
pas émouvante, elle est ferme, noble,
et digne d'un philosophe. Cependant
si, au lieu de flétrir les illustres
accusés qui avaient eu recours aux
larmes et aux prières, Socrate s'en
fût remis simplement à la conscience
de ses juges, sa défense aurait paru
aussi digne et plus habile.

DEUXIÈME PARTIE

CHAPITRE XXV

ARGUMENT. Les juges étant allés aux voix, la majorité des suffrages s'est déclarée contre Socrate. Mais elle a été si faible que si trois voix étaient déplacées, il serait absous. Au fond, Mélitus est vaincu. Sans l'appui d'Anytus et de Lycon, il ne recueillait pas la cinquième partie des suffrages et payait mille drachmes.

Τὸ μὲν μὴ ἀγανακτεῖν [1], ὦ ἄνδρες Ἀθηναῖοι, ἐπὶ τούτῳ τῷ γεγονότι, ὅτι μου κατεψηφίσασθε, ἄλλα τέ μοι πολλὰ ξυμβάλλεται, καὶ οὐκ ἀνέλπιστόν μοι γέγονε τὸ γεγονὸς τοῦτο · ἀλλὰ πολὺ μᾶλλον θαυμάζω ἑκατέρων τῶν ψήφων τὸν γεγονότα ἀριθμόν. Οὐ γὰρ ᾤμην ἔγωγε οὕτω παρ' ὀλίγον [2] ἔσεσθαι, ἀλλὰ παρὰ πολύ · νῦν δὲ, ὡς ἔοικεν, εἰ τρεῖς μόναι μετέπεσον [3]

1. Ἄλλα τε πολλὰ, καὶ... *beaucoup de motifs, et surtout celui-ci, savoir que je m'attendais à ce qui est arrivé,* ξυμβάλλεται, *se réunissent pour que je ne m'irrite pas de ce qui est arrivé.* — Τὸ μὴ ἀγανακτεῖν *est mis pour* εἰς τὸ μὴ ἀγανακτεῖν. (*Synt.*, 8, note.) — Ἀνέλπιστόν, *inattendu.* — Note q.

2. Οὕτω παρ' ὀλίγον, *je ne croyais pas que le résultat tiendrait à une si petite différence.*

3. Μετέπεσον. Si trois voix seulement étaient tombées d'un autre côté. Les juges votaient avec des boules qu'ils jetaient dans l'une des deux urnes : dans celle qui absolvait ou dans celle qui condamnait. — Τρεῖς μόναι. On croit que le nombre des juges était de 556, que 281 se prononcèrent contre Socrate et 275 en sa faveur. Avec trois voix de plus, Socrate obtenait l'égalité des suffrages, et par conséquent était absous. — Au lieu de τρεῖς, quelques éditions portent τριάκοντα.

τῶν ψήφων, ἀποπεφεύγη ἄν [1]. Μέλητον μὲν οὖν, ὡς
ἐμοὶ δοκῶ, καὶ νῦν ἀποπέφευγα, καὶ οὐ μόνον ἀποπέφευγα, ἀλλὰ παντὶ δῆλον τοῦτό γε, ὅτι, εἰ μὴ ἀνέβη
Ἄνυτος καὶ Λύκων [2] κατηγορήσοντες ἐμοῦ, κἂν ὦφλε
χιλίας δραχμὰς [3], οὐ μεταλαβὼν τὸ πέμπτον μέρος τῶν
ψήφων [4].

CHAPITRE XXVI

ARGUMENT. Puisque la loi permet à Socrate de désigner la peine qu'il
croit mériter, il pense que pour récompenser les services qu'il a
rendus à la patrie, il doit être nourri au Prytanée le reste de ses
jours.

Τιμᾶται δ' οὖν μοι ὁ ἀνὴρ θανάτου [5]. Εἶεν. Ἐγὼ δὲ
δὴ τίνος ὑμῖν ἀντιτιμήσομαι [6], ὦ ἄνδρες Ἀθηναῖοι; ἢ

1. Ἀποπεφεύγη pour ἀποπε-
φεύγειν. (Gramm., p. 127.)
2. Ἀνέβη, s'ils n'étaient pas montés
à la tribune pour soutenir l'accusation de Mélitus. Remarquez ἀνέβη
au singulier, parce qu'il s'accorde
avec chacun des deux noms à part,
comme s'il y avait : si Anytus n'é-
tait pas monté, puis Lycon.
3. Χιλίας δραχμάς, neuf cents
francs.
4. Τὸ πέμπτον μέρος. L'accusateur qui n'obtenait pas la cinquième
partie des suffrages était condamné
à l'amende et noté d'infamie. Tous
les suffrages contre Socrate comp-
tèrent à Mélitus, accusateur en chef.
Mais Socrate donne à entendre que

Mélitus n'en devait qu'un tiers à
son influence personnelle, et que
par conséquent, si Anytus et Lycon
ne lui avaient pas donné les voix de
leurs partisans et le secours de leur
parole, Mélitus n'aurait point ob-
tenu le cinquième des suffrages exigé par les lois. (COUSIN.)
5. Τιμᾶται μοι θανάτου, sous-
entendez δίκην, Mélitus estime,
c'est-à-dire désigne pour moi la
peine de mort, il la requiert contre
moi.
6. Ἀντιτιμήσομαι, quelle peine
désignerai-je à mon tour? — Ὑμῖν,
pour la soumettre à votre apprécia-
tion. Dans tous les délits dont la
peine n'était pas déterminée par la

δῆλον ὅτι τῆς ἀξίας [1]; Τί οὖν; τί ἄξιός εἰμι παθεῖν [2]
ἢ ἀποτίσαι, ὅ τι μαθὼν [3] ἐν τῷ βίῳ οὐχ ἡσυχίαν ἦγον,
ἀλλ' ἀμελήσας ὧνπερ οἱ πολλοὶ [4], χρηματισμοῦ τε [5]
καὶ οἰκονομίας, καὶ στρατηγιῶν, καὶ δημηγοριῶν, καὶ
τῶν ἄλλων ἀρχῶν, καὶ ξυνωμοσιῶν, καὶ στάσεων τῶν
ἐν τῇ πόλει γιγνομένων, ἡγησάμενος [6] ἐμαυτὸν τῷ ὄντι
ἐπιεικέστερον εἶναι ἢ ὥστε εἰς ταῦτ' ἰόντα σώζεσθαι, ἐνταῦθα μὲν οὐκ ᾖα, οἷ ἐλθὼν μήτε ὑμῖν μήτε ἐμαυτῷ
ἔμελλον μηδὲν ὄφελος εἶναι, ἐπὶ δὲ τὸ ἰδίᾳ ἕκαστον ἰὼν
εὐεργετεῖν [7] τὴν μεγίστην εὐεργεσίαν, ὡς ἐγώ φημι,
ἐνταῦθα ᾖα, ἐπιχειρῶν ἕκαστον ὑμῶν πείθειν, μὴ πρό-

loi, l'accusateur proposait la peine
(ἐτιμᾶτο), et l'accusé, jugé coupable, avait le droit d'indiquer lui-
même celle à laquelle il se condamnait (ἀντετιμᾶτο). Après cela les
juges prononçaient et fixaient la
peine, ἐτίμων.

1. Ἡ δῆλον ὅτι τῆς ἀξίας, ou
bien n'est-il pas clair que je dois
me condamner à celle que je mérite?

2. Τί ἄξιός εἰμι παθεῖν. Pour
bien suivre l'enchaînement de cette
longue phrase, il faut la décharger
des idées accessoires. La voici ré-
duite à ses parties essentielles : τί
οὖν ἄξιός εἰμι παθεῖν, ὅτι, ἀμελήσας ὧνπερ οἱ πολλοὶ ἐπιμελοῦνται, οὐκ ᾖα μὲν ἐνταῦθα οἷ ἐλθὼν
ἔμελλον μηδὲν ὄφελος ὑμῖν εἶναι,
ᾖα δὲ ἐπὶ τὸ ἰδίᾳ ἕκαστον εὐεργετεῖν. En latin : Quid ergo dignus
sum pati, eo quod, negligens quæ
multi curant, non ivi eo ubi pro-
desse vobis non poteram, ivi autem
ad conferendum cuique maximum
beneficium?

3 Μαθών. ultro. On dirait, en
parlant à quelqu'un : τί μαθὼν

οὐχ ἡσυχίαν ἦγες, qui t'a appris
à ne pas demeurer en repos?
(Synt., 832.)

4. Ἀμελήσας ὧνπερ οἱ πολλοί.
Voilà une ellipse très remarquable.
Il faut sous-entendre non pas ἀμε-
λοῦσι, mais au contraire ἐπιμελοῦνται. Ce verbe devait être placé
après la longue énumération qui
se termine par γιγνομένων. Mais
comme ce verbe était dans sa pensée et dans celle de tout le monde,
il l'a omis.

5. Χρηματισμός, industrie pour
gagner de l'argent. — Οἰκονομία,
soin de bien gouverner ma maison.
— Δημηγορία, fonction d'orateur.
— Ξυνωμοσία, conjuration. —
Στάσις, faction, sédition.

6. Ἡγησάμενος, pensant que
j'étais trop honnête homme pour
vouloir me sauver par de tels
moyens.

7. Ἐπὶ δὲ τὸ εὐεργετεῖν, construisez : ᾖα δὲ ἐνταῦθα, scilicet,
ᾖα ἐπὶ τὸ εὐεργετεῖν ἕκαστον ἰδίᾳ,
mais pour faire du bien à chacun
en particulier en allant vers lui,
j'y suis allé.

τερον μήτε τῶν ἑαυτοῦ μηδενὸς ἐπιμελεῖσθαι, πρὶν
ἑαυτοῦ ἐπιμεληθείη, ὅπως ὡς βέλτιστος καὶ φρονιμώ-
τατος ἔσοιτο, μήτε τῶν τῆς πόλεως, πρὶν αὐτῆς τῆς
πόλεως, τῶν τε ἄλλων οὕτω κατὰ τὸν αὐτὸν τρόπον
ἐπιμελεῖσθαι.

Τί οὖν εἰμι ἄξιος παθεῖν, τοιοῦτος ὤν; Ἀγαθόν
τι[1], ὦ ἄνδρες Ἀθηναῖοι, εἰ δεῖ γε κατὰ τὴν ἀξίαν τῇ
ἀληθείᾳ τιμᾶσθαι· καὶ ταῦτά γε ἀγαθὸν τοιοῦτον, ὅ
τι ἂν πρέποι ἐμοί. Τί οὖν πρέπει ἀνδρὶ πένητι εὐερ-
γέτῃ, δεομένῳ ἄγειν σχολὴν[2] ἐπὶ τῇ ὑμετέρᾳ παρα-
κελεύσει; οὐκ ἔσθ' ὅ τι μᾶλλον[3], ὦ ἄνδρες Ἀθηναῖοι,
πρέπει οὕτως, ὡς τὸν τοιοῦτον ἄνδρα ἐν πρυτανείῳ
σιτεῖσθαι[4], πολύ γε μᾶλλον ἢ εἴ τις ὑμῶν ἵππῳ[5], ἢ
ξυνωρίδι, ἢ ζεύγει νενίκηκεν Ὀλυμπιάσιν. Ὁ μὲν γὰρ
ὑμᾶς ποιεῖ εὐδαίμονας δοκεῖν εἶναι, ἐγὼ δὲ εἶναι· καὶ
ὁ μὲν τροφῆς οὐδὲν δεῖται, ἐγὼ δὲ δέομαι. Εἰ οὖν δεῖ
με κατὰ τὸ δίκαιον τῆς ἀξίας τιμᾶσθαι[6], τούτου τιμῶμαι, ἐν Πρυτανείῳ σιτήσεως.

1. Ἀγαθόν τι, *je dois recevoir
quelque chose de bon, si en effet je
dois être traité selon mon mérite.*
2. Δεομένῳ ἄγειν σχολήν, *à un
homme qui a besoin d'avoir du loisir
pour vous exhorter à la sagesse.*
3. Οὐκ ἔσθ' ὅ τι μᾶλλον πρέπει οὕτως. Anacoluthe. Μᾶλλον
πρέπει appelait ἤ. Mais Socrate,
après avoir prononcé ὦ ἄνδρες
Ἀθηναῖοι, néglige ce μᾶλλον et,
changeant de construction, il dit :
οὐκ ἔσθ' ὅ τι πρέπει οὕτως ὡς...
4. Ἐν Πρυτανείῳ σιτεῖσθαι. Les
citoyens qui avaient rendu d'éminents services à l'État, et les vain-
queurs couronnés aux jeux olympiques étaient nourris dans le Prytanée aux frais de la république.
5. Ἵππῳ, *course à cheval.* —
Ξυνωρίς, *une paire de chevaux at-
telés à un char.* — Ζεῦγος, *attelage
de quatre chevaux.*
6. Τιμᾶσθαι. Socrate joue sur le
double sens du mot τιμᾶσθαι qui
signifie être *récompensé* ou *puni*,
car τιμάω veut dire *évaluer* une
récompense ou une peine, honorer ou
punir. — Τούτου τιμῶμαι, voici
la peine que je me décerne : être
nourri dans le Prytanée.

CHAPITRE XXVII

Argument. Ces paroles ne lui sont point inspirées par l'orgueil. Mais comme il n'a jamais fait de mal à personne, et qu'il s'est au contraire appliqué à faire le bien, il ne peut se condamner avec justice ni à la prison, ni à l'amende, ni à l'exil.

Ἴσως οὖν ὑμῖν καὶ ταυτὶ λέγων παραπλησίως δοκῶ λέγειν, ὥσπερ περὶ τοῦ οἴκτου καὶ τῆς ἀντιβολήσεως, ἀπαυθαδιζόμενος [1] · τὸ δὲ οὐκ ἔστιν, ὦ ἄνδρες Ἀθηναῖοι, τοιοῦτον, ἀλλὰ τοιόνδε μᾶλλον. Πέπεισμαι ἐγὼ ἑκὼν εἶναι [2] μηδένα ἀδικεῖν ἀνθρώπων, ἀλλὰ ὑμᾶς τοῦτο οὐ πείθω · ὀλίγον γὰρ χρόνον [3] ἀλλήλοις διειλέγμεθα · ἐπεί, ὡς ἐγῷμαι, εἰ ἦν ὑμῖν νόμος, ὥσπερ καὶ ἄλλοις ἀνθρώποις, περὶ θανάτου μὴ μίαν ἡμέραν μόνην κρίνειν, ἀλλὰ πολλάς, ἐπείσθητε ἄν · νῦν δ' οὐ ῥάδιον ἐν χρόνῳ ὀλίγῳ μεγάλας διαβολὰς ἀπολύεσθαι. Πεπεισμένος δὴ ἐγὼ μηδένα ἀδικεῖν [4], πολλοῦ δέω ἐμαυτόν

1. Ἀπαυθαδιζόμενος, en vous parlant ainsi, je vous semblerai peut-être montrer des sentiments d'arrogance, comme lorsque je condamnais les lamentations et les supplications. — Τοιοῦτον désigne le sentiment qu'il vient d'exprimer, et τοιόνδε ce qu'il va dire. (Synt., 60.)
2. Ἑκὼν εἶναι, étant libre, comme s'il y avait ὥστε ἑκὼν εἶναι, de manière à être libre. (Synt., 818.) J'ai la conviction que je n'ai fait volontairement d'injustice à per-

sonne.
3. Ὀλίγον χρόνον et plus bas ἡμέραν μόνην, le nom de temps pendant lequel une chose dure se met à l'accusatif. (Synt., 162.) — Ἡμέραν μόνην. A Athènes aucun procès ne devait durer plus d'un jour.
4. Πεπεισμένος ἐγὼ μηδένα ἀδικεῖν, persuadé que je ne suis coupable d'aucune injustice envers personne.

γε ἀδικήσειν, καὶ κατ' ἐμαυτοῦ ἐρεῖν αὐτὸς ὡς ἄξιός
εἰμι του κακοῦ, καὶ τιμήσεσθαι [1] τοιούτου τινὸς ἐμαυτῷ. Τί δείσας [2]; ἢ μὴ πάθω τοῦτο, οὗ Μέλητός μοι
τιμᾶται, ὃ φημι οὐκ εἰδέναι [3] οὔτ' εἰ ἀγαθὸν οὔτ' εἰ
κακόν ἐστιν; ἀντὶ τούτου δὴ ἕλωμαί τι ὧν εὖ οἶδ' ὅτι
κακῶν ὄντων [4], τούτου τιμησάμενος; Πότερον δεσμοῦ;
καὶ τί με δεῖ ζῆν ἐν δεσμωτηρίῳ, δουλεύοντα τῇ ἀεὶ [5]
καθισταμένῃ ἀρχῇ, τοῖς Ἕνδεκα; Ἀλλὰ χρημάτων [6],
καὶ δεδέσθαι ἕως ἂν ἐκτίσω; ἀλλὰ ταὐτόν μοί ἐστιν [7]
ὅπερ νῦν δὴ ἔλεγον· οὐ γὰρ ἔστι μοι χρήματα ὁπόθεν
ἐκτίσω. Ἀλλὰ δὴ φυγῆς [8] τιμήσομαι; ἴσως γὰρ ἂν
μοι τούτου τιμήσαιτε [9]. Πολλὴ μέντ' ἄν με φιλοψυχία
ἔχοι, ὦ ἄνδρες Ἀθηναῖοι, εἰ οὕτως ἀλόγιστός εἰμι,
ὥστε μὴ δύνασθαι λογίζεσθαι ὅτι ὑμεῖς μὲν, ὄντες πο-
λῖταί μου, οὐχ οἷοί τε ἐγένεσθε ἐνεγκεῖν τὰς ἐμὰς δια-

1. **Τιμήσεσθαι.** R..aarquez
qu'avec τιμᾶσθαι, *porter une condamnation contre quelqu'un*, le nom
de la personne se met au datif, et
le nom de la peine au génitif.
(Voyez c. XXVI, fin.) — Τοῦ κακοῦ pour τινὸς κακοῦ.
2. **Τί δείσας**, sous-entendez
ἐμαυτῷ τιμησαίμην ἄν τινος κακοῦ. *Quid metuens, aliquid mali
adversum me decernerem?*
3. **Ὃ φημι οὐκ εἰδέναι**, *quod
aio me nescire utrum bonum sit an
malum.* Raisonnement peu juste. Il
n'est pas sage de choisir la mort,
puisqu'elle peut être un mal, tandis que la vie est certainement un
bien. — Note r.
4. **Ἕλωμαί τι ὧν εὖ οἶδ' ὅτι
κακῶν ὄντων.** Il y a ici une syntaxe compliquée et irrégulière, ou
plutôt deux syntaxes mêlées; l'une :

ἕλωμαί τι τούτων ἅπερ εὖ οἶδα
ὅτι κακά ἐστιν; et l'autre : ἕλωμαί
τι τῶν, εὖ οἶδα, κακῶν ὄντων. Le
pronom ὧν est attiré au génitif par
l'antécédent τούτων sous-entendu.
5. **Ἀεὶ**, successivement. — Τοῖς
Ἕνδεκα. Les Onze étaient les ma-
gistrats préposés à la garde des
condamnés. Chacune des dix tribus
en nommait un, et le greffier était
le onzième.
6. **Ἀλλὰ χρημάτων**, sous-entendez τιμήσομαι. Me condamneral-je
à une amende pécuniaire?
7. **Ταὐτόν** pour τὸ αὐτό.
8. **Φυγῆς**, *exil.*
9. **Τιμήσαιτε**, à l'actif, parce
qu'il s'agit des juges qui décernent
une peine à autrui. Au contraire,
l'accusateur et l'accusé emploient le
moyen, parce qu'il y a un retour ou
réciprocité de l'action vers le sujet.

τριβὰς¹ καὶ τοὺς λόγους, ἀλλ' ὑμῖν βαρύτεραι γεγόνασι καὶ ἐπιφθονώτεραι, ὥστε ζητεῖτε αὐτῶν νυνὶ ἀπαλλαγῆναι, ἄλλοι δὲ ἄρα αὐτὰς οἴσουσι ῥᾳδίως. Πολλοῦ γε δεῖ, ὦ ἄνδρες Ἀθηναῖοι.

Καλὸς οὖν ἄν μοι ὁ βίος εἴη², ἐξελθόντι τηλικῷδε ἀνθρώπῳ³, ἄλλην ἐξ ἄλλης πόλιν πόλεως ἀμειβομένῳ καὶ ἐξελαυνομένῳ ζῆν. Εὖ γὰρ οἶδ' ὅτι, ὅποι ἂν ἔλθω, λέγοντος ἐμοῦ ἀκροάσονται οἱ νέοι, ὥσπερ ἐνθάδε. Κἂν μὲν τούτους ἀπελαύνω⁴, οὗτοι ἐμὲ αὐτοὶ ἐξελῶσι, πείθοντες τοὺς πρεσβυτέρους · ἐὰν δὲ μὴ ἀπελαύνω, οἱ τούτων πατέρες τε καὶ οἰκεῖοι δι' αὐτοὺς τούτους⁵.

1. Τὰς ἐμὰς διατριβάς, *mes conversations et mes discussions.* Καὶ τοὺς λόγους n'est que l'explication de διατριβάς; c'est pourquoi les adjectifs βαρύτεραι et ἐπιφθονώτεραι s'accordent avec le féminin διατριβάς et non avec le masculin λόγους.

2. Καλὸς ὁ βίος εἴη. Ironie.

3. Τηλικῷδε, pour moi vieillard âgé de 70 ans. — Ἄλλην ἐξ ἄλλης πόλιν πόλεως, heureux entrelacement des noms et des épithètes. — Ζῆν ou τὸ ζῆν est l'apposition de βίος. Ce monosyllabe ζῆν, placé à la fin de la phrase, donne à l'idée une grande énergie.

4. Κἂν μὲν τούτους ἀπελαύνω, si j'écarte les jeunes gens, ils me chasseront eux-mêmes, en persuadant aux plus âgés de me bannir. On ne voit pas bien la justesse de cette supposition. — Ἐξελῶσι, futur attique pour ἐξελάσουσι. (*Gramm.*, 60.)

5. Δι' αὐτοὺς τούτους, sous-entendez ἐξελῶσί με. — Note s.

CHAPITRE XXVIÍI

ARGUMENT. L'exil ne lui servira de rien, puisque Dieu l'oblige à parler aux hommes de la vertu, et que ses discours lui feront partout des ennemis. Quant à l'amende, il ne saurait payer qu'une mine ; mais comme ses amis lui en offrent trente, il se condamne à trente.

Ἴσως οὖν ἄν τις εἴποι · Σιγῶν δὲ καὶ ἡσυχίαν ἄγων, ὦ Σώκρατες, οὐχ οἷός τ' ἔσει[1], ἡμῖν ἐξελθών, ζῆν; Τουτὶ δή ἐστι πάντων χαλεπώτατον πεῖσαί τινας ὑμῶν. Ἐάν τε γὰρ λέγω ὅτι τῷ θεῷ ἀπειθεῖν τοῦτ' ἐστί, καὶ διὰ τοῦτ' ἀδύνατον ἡσυχίαν ἄγειν, οὐ πείσεσθέ μοι, ὡς εἰρωνευομένῳ[2] · ἐάν τ' αὖ λέγω ὅτι καὶ τυγχάνει μέγιστον ἀγαθὸν ὂν ἀνθρώπῳ τοῦτο, ἑκάστης ἡμέρας περὶ ἀρετῆς τοὺς λόγους ποιεῖσθαι, καὶ τῶν ἄλλων περὶ ὧν[3] ὑμεῖς ἐμοῦ ἀκούετε διαλεγομένου, καὶ ἐμαυτὸν καὶ ἄλλους ἐξετάζοντος (ὁ δὲ ἀνεξέταστος βίος οὐ βιωτὸς[4] ἀνθρώπῳ), ταῦτα δ' ἔτι ἧττον πείσεσθέ μοι λέγοντι. Τὰ δὲ ἔχει μὲν οὕτως ὡς ἐγώ φημι, ὦ ἄνδρες, πείθειν δὲ οὐ ῥᾴδια. Καὶ ἐγὼ ἅμ.' οὐκ εἴθισμαι ἐμαυτὸν ἀξιοῦν κακοῦ οὐδενός. Εἰ μὲν γὰρ ἦν μοι χρήματα, ἐτιμησάμην

1. Ἔσει pour ἔσῃ. (Gramm., p. 53.) — Σιγῶν. Construisez : οὐχ οἷός τ' ἔσει ζῆν σιγῶν; pour ἡμῖν ἐξελθών, c'est une phrase incidente : quand tu seras sorti de chez nous.
2. Εἰρωνεύομαι, parler ironiquement, plaisanter.
3. Τῶν ἄλλων. C'est comme s'il y avait : περὶ τῶν ἄλλων περὶ ὧν. La préposition περί, placée devant

ἀρετῆς, se sous-entend devant τῶν ἄλλων.
4. Ὁ δὲ ἀνεξέταστος βίος οὐ βιωτός, une vie sans examen de soi-même n'est pas une vie. Maxime excellente. Rien de plus philosophique que de faire chaque soir son examen de conscience. Mais Socrate pouvait se dispenser de faire celui des autres.

ἂν χρημάτων, ὅσα ἔμελλον ἐκτίσειν · οὐδὲν γὰρ ἂν
ἐβλάβην¹ · νῦν δέ²... οὐ γὰρ ἔστιν³, εἰ μὴ ἄρα, ὅσον
ἂν ἐγὼ δυναίμην ἐκτῖσαι, τοσούτου βούλεσθέ μοι τι-
μῆσαι. Ἴσως δ' ἂν δυναίμην ἐκτῖσαι ὑμῖν που μνᾶν
ἀργυρίου⁴ · τοσούτου οὖν τιμῶμαι. Πλάτων δὲ ὅδε, ὦ
ἄνδρες Ἀθηναῖοι, καὶ Κρίτων, καὶ Κριτόβουλος, καὶ
Ἀπολλόδωρος, κελεύουσί με τριάκοντα μνῶν τιμή-
σασθαι, αὐτοὶ δ' ἐγγυᾶσθαι⁵ · τιμῶμαι οὖν τοσούτου ·
ἐγγυηταὶ δ' ὑμῖν ἔσονται τοῦ ἀργυρίου οὗτοι ἀξιό-
χρεῳ⁶.

1. Οὐδὲν γὰρ ἂν ἐβλάβην, car donner de l'argent ne seroit pas pour moi un dommage.

2. Νῦν δέ... Réticence. Socrate sous-entend οὐ δύναμαι ou quelque mot équivalent.

3. Οὐ γὰρ ἔστιν, sous-entendez ὅσον 'ἔχρην, je n'ai pas autant d'argent qu'il faudrait.

4. Μνᾶν ἀργυρίου, une mine d'argent, environ 90 fr. — Τριά-κοντα μνῶν, environ 2 700 fr.

5. Αὐτοὶ δ' ἐγγυᾶσθαι, sous-entendez non pas κελεύουσι, mais φασίν, qui est virtuellement contenu dans κελεύουσιν, ils disent qu'ils se portent garants. C'est là la figure de grammaire qu'on appelle zeugma. (Synt., 270.)

6. Ἐγγυηταὶ ἀξιόχρεῳ (de ἄξιος et χρέος, dette), ce sont des répondants solvables.

Si Socrate, au lieu de faire un discours arrogant qui devait irriter ses juges, se fût tout de suite condamné aux trente mines qu'il offre maintenant, il est certain que cette amende était acceptée, et qu'il eût continué de philosopher librement le reste de ses jours. Il crut qu'il lui serait plus glorieux de mourir. En effet, sa mort l'a illustré autant que sa doctrine. Mais cette grandeur diminue aux yeux des vrais sages, quand on l'examine de près.

TROISIÈME PARTIE

CHAPITRE XXIX

ARGUMENT. Les juges vont aux voix pour l'application de la peine. Quatre-vingts qui l'avaient d'abord absous, révoltés de ses dernières paroles, se réunissent à ceux qui l'avaient condamné, et la mort est prononcée. Socrate les avertit qu'en le condamnant, ils se condamnent eux-mêmes aux yeux de la postérité.

Οὐ πολλοῦ γ' ἕνεκα χρόνου[1], ὦ ἄνδρες Ἀθηναῖοι ὄνομα ἕξετε καὶ αἰτίαν ὑπὸ τῶν βουλομένων τὴν πόλιν λοιδορεῖν, ὡς Σωκράτην ἀπεκτόνατε, ἄνδρα σοφὸν· φήσουσι γὰρ δή με σοφὸν εἶναι, εἰ καὶ μὴ εἰμί, οἱ βουλόμενοι ὑμῖν ὀνειδίζειν. Εἰ γοῦν περιεμείνατε ὀλίγον χρόνον, ἀπὸ τοῦ αὐτομάτου[2] ἂν ὑμῖν τοῦτο ἐγένετο· ὁρᾶτε γὰρ δὴ τὴν ἡλικίαν, ὅτι πόρρω ἤδη ἐστὶ τοῦ βίου, θανάτου δὲ ἐγγύς. Λέγω δὲ τοῦτο οὐ πρὸς πάντας ὑμᾶς, ἀλλὰ πρὸς τοὺς ἐμοῦ καταψηφισαμένους θάνατον· Λέγω δὲ καὶ τόδε[3] πρὸς τοὺς αὐτοὺς τούτους. Ἴσως με

---

1. Οὐ πολλοῦ γ' ἕνεκα χρόνου, « en m'ôtant le peu de temps qui me restait à vivre, Athéniens, vous aurez acquis un renom et une accusation. Ceux qui voudront blâmer la république diront que vous avez fait mourir Socrate, un homme sage. »

2. Ἀπὸ τοῦ αὐτομάτου, sponte. — Πόρρω τοῦ βίου, mon âge est fort avancé dans la vie. (Synt., 181.)

3. Τόδε, ce qui va suivre. (Synt., 69).

οἴεσθε, ὦ ἄνδρες, ἀπορίᾳ λόγων ἑαλωκέναι[1] τοιούτων, οἷς ἂν ὑμᾶς ἔπεισα[2], εἰ ᾤμην δεῖν ἅπαντα ποιεῖν καὶ λέγειν[3], ὥστε ἀποφυγεῖν τὴν δίκην. Πολλοῦ γε δεῖ. Ἀλλ' ἀπορίᾳ μὲν ἑάλωκα, οὐ μέντοι λόγων, ἀλλὰ τόλμης καὶ ἀναισχυντίας καὶ τοῦ μὴ ἐθέλειν λέγειν πρὸς ὑμᾶς τοιαῦτα[4], οἷ' ἂν ὑμῖν μὲν ἥδιστ' ἦν ἀκούειν[5], θρηνοῦντός τ' ἐμοῦ καὶ ὀδυρομένου, καὶ ἄλλα ποιοῦντος, καὶ λέγοντος πολλὰ καὶ ἀνάξια ἐμοῦ, ὡς ἐγώ φημι· οἷα δὴ καὶ εἴθισθε ὑμεῖς τῶν ἄλλων ἀκούειν. Ἀλλ' οὔτε τότε ᾠήθην δεῖν ἕνεκα τοῦ κινδύνου πρᾶξαι οὐδὲν ἀνελεύθερον, οὔτε νῦν μοι μεταμέλει οὕτως ἀπολογησαμένῳ[6], ἀλλὰ πολὺ μᾶλλον αἱροῦμαι ὧδε ἀπολογησάμενος τεθνάναι, ἢ ἐκείνως[7] ζῆν· οὔτε γὰρ ἐν δίκῃ, οὔτ' ἐν πολέμῳ, οὔτ' ἐμὲ, οὔτε ἄλλον οὐδένα δεῖ τοῦτο μηχανᾶσθαι, ὅπως ἀποφεύξεται πᾶν ποιῶν[8] θάνατον. Καὶ γὰρ ἐν ταῖς μάχαις πολλάκις δῆλον γίγνεται ὅτι τό γε ἀποθανεῖν ἄν τις ἐκφύγοι, καὶ ὅπλα ἀφεὶς καὶ ἐφ' ἱκετείαν τραπόμενος τῶν διωκόντων[9]· καὶ ἄλλαι μηχαναὶ

1. Ἐαλωκέναι, vous croyez peut-être que j'ai succombé.

2. Ἀπορίᾳ λόγων τοιούτων, οἷς ἂν ὑμᾶς ἔπεισα, par le manque de paroles telles que par elles je vous aurais persuadés, c'est-à-dire vous croyez peut-être que j'ai manqué de paroles capables de vous persuader. — Τοιούτων οἷς pour τοιούτων ὥστε τούτοις.(Synt.,58. Rem.) — Ἂν ἔπεισα, persuasissem. (Synt., 231.)

3. Ἅπαντα ποιεῖν καὶ λέγειν, tout dire et tout faire pour éviter la condamnation.

4. Τοιαῦτα οἷα, talia qualia vobis essent auditu jucundissima.

5. Ἀκούειν. On voit ici avec ce verbe, la chose à l'accusatif : οἷα,

et la personne au génitif : θρηνοῦντος ἐμοῦ. (Synt. 86)

6. Οὔτε μοι μεταμέλει οὕτως ἀπολογησαμένῳ, je ne me repens pas de m'être ainsi défendu. (Synt., 115 et 212, note.) — Αἱροῦμαι, eligo.

7. Ἢ ζῆν ἐκείνως ἀπολογησάμενος, plutôt que de vivre en m'étant défendu de l'autre manière.

8. Πᾶν ποιῶν, en faisant tout, ne reculant devant aucun moyen. Et plus bas, πᾶν ποιῶν καὶ λέγειν. Nous disons de même d'un personnage méprisable : « C'est un homme à tout dire et à tout faire. »

9. Ἐφ' ἱκετείαν τῶν διωκόντων, en recourant aux supplications envers ceux qui le poursuivent.

πολλαί εἰσιν ἐν ἑκάστοις τοῖς κινδύνοις, ὥστε διαφεύ-
γειν θάνατον, ἐάν τις τολμᾷ¹ πᾶν ποιεῖν καὶ λέγειν.
Ἀλλὰ μὴ οὐ τοῦτ' ᾖ χαλεπὸν², ὦ ἄνδρες, θάνατον ἐκ-
φυγεῖν, ἀλλὰ πολὺ χαλεπώτερον πονηρίαν· θᾶττον γὰρ
θανάτου θεῖ³. Καὶ νῦν ἐγὼ μὲν, ἅτε βραδὺς ὢν καὶ
πρεσβύτης, ὑπὸ τοῦ βραδυτέρου ἑάλων⁴· οἱ δ' ἐμοὶ
κατήγοροι, ἅτε δεινοὶ καὶ ὀξεῖς ὄντες, ὑπὸ τοῦ θάτ-
τονος, τῆς κακίας⁵. Καὶ νῦν ἐγὼ μὲν ἄπειμι ὑφ' ὑμῶν
θανάτου δίκην ὄφλων, οὗτοι δ' ὑπὸ τῆς ἀληθείας
ὠφληκότες μοχθηρίαν καὶ ἀδικίαν⁶· καὶ ἐγώ τε τῷ
τιμήματι ἐμμένω, καὶ οὗτοι⁷. Ταῦτα μὲν οὖν που
ἴσως οὕτω καὶ ἔδει σχεῖν, καὶ οἶμαι αὐτὰ μετρίως
ἔχειν⁸.

1. Ἐάν τις τολμᾷ, si quelqu'un
a le courage, le front de.
2. Μὴ οὐ τοῦτ' ᾖ χαλεπόν, non
cela n'est pas difficile. (Synt., 195.)
3. Θᾶττον θανάτου θεῖ, le crime
court plus vite que la mort. C'est
une allégorie qu'il faut expliquer.
Il veut dire que souvent il n'est
pas difficile d'échapper au péril de
la mort, quand on a recours à un
crime ou à une lâcheté (πονηρία).
Car le crime qui vous protège est
un coureur rapide qui devance la
mort, et il ne lui permet pas d'at-
teindre celui qu'il emporte.
4. Ὑπὸ τοῦ βραδυτέρου ἑάλων,
j'ai été atteint par la mort qui est
plus lente que le crime.
5. Τῆς κακίας. Les mots κακία

et πονηρία signifient lâcheté, vice,
crime. Cette allégorie serait pour
nous obscure et alambiquée. Il faut
croire que Socrate applique et développe un proverbe familier aux
Athéniens.
6. Ὠφληκότες μοχθηρίαν, la
vérité les condamne à l'infamie de
la perversité et de l'injustice.
7. Τῷ τιμήματι ἐμμένω, καὶ
οὗτοι (τῷ ἑαυτῶν ἐμμίνουσι) parole d'une singulière énergie. « Pour
moi, je m'en tiens à ma peine, et
la leur est immuable. »
8. Μετρίως ἔχειν, cela est con-
forme à la mesure convenable, c'est-
à-dire tout est pour le mieux. —
Ἴσως οὕτως ἔδει σχεῖν, ita esse hæc
forte oportebat.

CHAPITRE XXX

ARGUMENT. Socrate, près de mourir, prédit à ses juges qu'ils seront punis de leur injustice.

Τὸ δὲ δὴ μετὰ τοῦτο ἐπιθυμῶ ὑμῖν χρησμῳδῆσαι[1], ὦ καταψηφισάμενοί μου· καὶ γάρ εἰμι ἤδη ἐνταῦθα, ἐν ᾧ μάλιστ' ἄνθρωποι χρησμῳδοῦσιν, ὅταν μέλλωσιν ἀποθανεῖσθαι[2]. Φημὶ γάρ, ὦ ἄνδρες, οἵ ἐμὲ ἀπεκτόνατε, τιμωρίαν ὑμῖν ἥξειν εὐθὺς μετὰ τὸν ἐμὸν θάνατον πολὺ χαλεπωτέραν, νὴ Δί', ἢ οἵαν[3] ἐμὲ ἀπεκτόνατε. Νῦν γὰρ τοῦτο εἴργασθε, οἰόμενοι ἀπαλλάξεσθαι τοῦ διδόναι ἔλεγχον τοῦ βίου[4]· τὸ δὲ ὑμῖν πολὺ ἐναντίον ἀποβήσεται, ὡς ἐγώ φημι. Πλείους ἔσονται ὑμᾶς οἱ ἐλέγχοντες, οὓς νῦν ἐγὼ κατεῖχον[5], ὑμεῖς δὲ οὐκ ἠσθάνεσθε· καὶ χαλεπώτεροι ἔσονται, ὅσῳ νεώτεροί εἰσι[6], καὶ ὑμεῖς

1. Χρησμῳδῆσαι, *oraculum edere, vaticinari,* prophétiser (de χρησμός et ᾄδω).

2. Ὅταν μέλλωσιν ἀποθανεῖσθαι. Les païens eux-mêmes avaient observé que l'âme est plus clairvoyante à l'heure de la mort. *Facilius evenit, appropinquante morte, ut animi futura augurentur,* dit Cicéron. (*de Divin.,* I, 30.)

3. Χαλεπωτέραν ἢ οἵαν, pour χαλεπωτέραν ἢ τοιαύτην οἵα ἐμὲ ἀπεκτόνατε. En exprimant le comparatif, on met après ἤ le même cas que devant. (*Synt.,* 53, note.)

4. Διδόναι ἔλεγχον τοῦ βίου, donner, c'est-à-dire subir une enquête sur votre vie. Vous croyez que vous serez débarrassés du censeur important qui vous fait rendre compte de votre vie.

5. Οὓς νῦν ἐγὼ κατεῖχον. Socrate contenait l'animosité de ses disciples indignés contre ses calomniateurs.

6. Ὅσῳ νεώτεροί εἰσι. Il désigne ses disciples, qui vengeront sa mémoire. Platon et Xénophon, entre autres, n'y ont pas manqué.

μᾶλλον ἀγανακτήσετε¹. Εἰ γὰρ οἴεσθε, ἀποκτείνοντες ἀνθρώπους, ἐπισχήσειν τοῦ ὀνειδίζειν τινὰ ὑμῖν ὅτι οὐκ ὀρθῶς ζῆτε, οὐ καλῶς διανοεῖσθε · οὐ γάρ ἐσθ' αὕτη ἡ ἀπαλλαγὴ² οὔτε πάνυ δυνατή, οὔτε καλή, ἀλλ' ἐκείνη³ καὶ καλλίστη, καὶ ῥάστη, μὴ τοὺς ἄλλους κολούειν, ἀλλ' ἑαυτὸν παρασκευάζειν ὅπως ἔσται ὡς βέλτιστος. Ταῦτα μὲν οὖν ὑμῖν τοῖς καταψηφισαμένοις μαντευσάμενος ἀπαλλάττομαι⁴.

CHAPITRE XXXI

ARGUMENT. Socrate se tourne vers les juges qui l'ont absous, les remercie et les rassure touchant sa mort. Il est persuadé qu'elle sera pour lui un bien. Car son Génie ne lui a donné aucun avertissement fâcheux, ni lorsqu'il a quitté sa maison, ni lorsqu'il a parlé à la tribune.

Τοῖς δὲ ἀποψηφισαμένοις⁵ ἡδέως ἂν διαλεχθείην ὑπὲρ τοῦ γεγονότος τουτουὶ πράγματος, ἐν ᾧ οἱ ἄρχοντες ἀσχολίαν ἄγουσι⁶, καὶ οὔπω ἔρχομαι οἷ⁷ ἐλθόντα

1. Ὑμεῖς μᾶλλον ἀγανακτήσετε, vous ressentirez plus vivement leur censure.

2. Αὕτη ἡ ἀπαλλαγή, cette manière de vous délivrer n'est pas possible ni honnête.

3. Ἀλλ' ἐκείνη, mais celle-ci est très glorieuse et très facile, celle qui ne consiste pas à couper la tête aux autres, mais. — Κολούω, amputer, mutiler.

4. Ἀπαλλάττομαι, après cette prédiction, je vous quitte.

5. Τοῖς ἀποψηφισαμένοις, ceux qui ont repoussé l'accusation par leur vote.

6. Ἐν ᾧ (sous-entendez χρόνῳ), dans le moment où. — Οἱ ἄρχοντες, les Onze chargés d'exécuter les condamnations. — Ἀσχολίαν ἄγουσι, s'empressent et s'occupent de m'emmener.

7. ΟΙ, la prison.

με δεῖ τεθνάναι. Ἀλλά μοι, ὦ ἄνδρες, παραμείνατε
τοσοῦτόν χρόνόν · οὐδὲν γὰρ κωλύει διαμυθολογῆσαι
πρὸς ἀλλήλους, ἕως ἔξεστιν. Ὑμῖν γὰρ ὡς φίλοις οὖσιν
ἐπιδεῖξαι ἐθέλω τὸ νυνί μοι ξυμβεβηκὸς τί ποτε νοεῖ[1].
Ἐμοὶ γὰρ, ὦ ἄνδρες δικασταί (ὑμᾶς γὰρ δικαστὰς κα-
λῶν, ὀρθῶς ἂν καλοίην), θαυμάσιόν τι γέγονεν. Ἡ γὰρ
εἰωθυῖά μοι μαντικὴ, ἡ τοῦ δαιμονίου[2], ἐν μὲν τῷ
πρόσθεν χρόνῳ παντὶ πάνυ πυκνὴ ἀεὶ ἦν, καὶ πάνυ ἐπὶ
σμικροῖς[3] ἐναντιουμένη, εἴ τι μέλλοιμι μὴ ὀρθῶς πράξειν · νυνὶ δὲ ξυμβέβηκέ μοι, ἅπερ ὁρᾶτε καὶ αὐτοὶ,
ταυτὶ, ἅ γε δὴ[4] οἰηθείη ἄν τις καὶ νομίζεται ἔσχατα
κακῶν εἶναι. Ἐμοὶ δὲ οὔτε ἐξιόντι ἕωθεν οἴκοθεν ἠναντιώθη τὸ τοῦ θεοῦ σημεῖον, οὔτε ἡνίκα ἀνέβαινον ἐνταυθοῖ ἐπὶ τὸ δικαστήριον, οὔτ᾽ ἐν τῷ λόγῳ οὐδαμοῦ,
μέλλοντί τι ἐρεῖν[5] · καί τοι ἐν ἄλλοις λόγοις πολλαχοῦ
δή με ἐπέσχε λέγοντα μεταξύ[6]. Νυνὶ δὲ οὐδαμοῦ περὶ
ταύτην τὴν πρᾶξιν, οὔτ᾽ ἐν ἔργῳ οὐδενὶ, οὔτ᾽ ἐν λόγῳ
ἠναντίωταί μοι. Τί οὖν αἴτιον εἶναι ὑπολαμβάνω; Ἐγὼ
ὑμῖν ἐρῶ · κινδυνεύει[7] γάρ μοι τὸ ξυμβεβηκὸς τοῦτο
ἀγαθὸν γεγονέναι, καὶ οὐκ ἔσθ᾽ ὅπως ἡμεῖς ὀρθῶς ὑπολαμβάνομεν[8], ὅσοι οἰόμεθα κακὸν εἶναι τὸ τεθνάναι.

1. Τί ποτε νοεῖ, ce que signifie
cet événement, *quid sibi vult.*
2. Ἡ μαντικὴ, ἡ τοῦ δαιμονίου,
cette *inspiration prophétique,* cette
voix de mon génie.
3. Πάνυ ἐπὶ σμικροῖς, comme s'il y
avait ἐπὶ πάνυ σμικροῖς, *cette voix
qui s'opposait à mes desseins dans
des choses très peu importantes.*
4. Ἅ γε δή. Le pronom relatif
ἅ est régime de οἰηθείη et sujet de
νομίζεται. Il faudrait καὶ ἃ νομίζεται, mais les Grecs n'aiment pas

à répéter le pronom conjonctif.
5. Μέλλοντί τι ἐρεῖν, cette voix
ne s'est point opposée dans tout ce
discours, lorsque j'allais dire
quelque chose.
6. Ἐπέσχε λέγοντα μεταξύ, souvent cette voix me retint pendant
que je parlais. (Synt. 327)
7. Κινδυνεύει, videtur.(Synt.,817.)
— Γὰρ, c'est que. (Synt., 203.)
8. Οὐκ ἔσθ᾽ ὅπως ἡμεῖς ὀρθῶς
ὑπολαμβάνομεν, il n'est pas possible que nous pensions bien.

Μέγα μοι τεκμήριον τούτου γέγονεν· οὐ γὰρ ἔσθ' ὅπως
οὐκ ἠναντιώθη ἄν μοι τὸ εἰωθὸς σημεῖον[1], εἰ μή τι
ἔμελλον ἐγὼ ἀγαθὸν πράξειν[2].

CHAPITRE XXXII

ARGUMENT. Si la mort ôte tout sentiment, c'est un sommeil, et elle n'est
pas un mal. Si elle transporte l'âme dans un autre séjour, c'est le
bonheur suprême.

Ἐννοήσωμεν δὲ καὶ τῇδε, ὡς πολλὴ ἐλπίς ἐστιν[3]
ἀγαθὸν αὐτὸ εἶναι. Δυοῖν γὰρ θάτερόν ἐστι τὸ τεθνάναι·
ἢ γὰρ οἷον μηδὲν εἶναι, μηδ' αἴσθησιν μηδεμίαν μηδενὸς ἔχειν τὸν τεθνεῶτα[4], ἢ κατὰ τὰ λεγόμενα μετα-
βολή τις τυγχάνει οὖσα καὶ μετοίκησις τῆς ψυχῆς
τοῦ τόπου τοῦ ἐνθένδε[5] εἰς ἄλλον τόπον. Καὶ εἴτε

1. Οὐκ ἔσθ' ὅπως οὐκ ἠναντιώθη
ἄν, il n'est pas possible que cette
voix divine ne se fût opposée. Remarquez l'indicatif dans ces deux
phrases. (Voyez Synt., 242, note).—
Sans doute la mort est un bien
pour le juste, mais elle est le comble
du malheur pour celui qui ne l'est
pas.

2. Ἀγαθὸν πράξειν, le signe
habituel m'aurait infailliblement
averti, si je n'eusse pas dû faire une
bonne chose.

3. Πολλὴ ἐλπίς ἐστι ἀγαθὸν
αὐτὸ εἶναι. Magna me spes tenet,
judices, bene mihi evenisse quod mittar ad mortem. Ainsi traduit Cicéron, qui a reproduit tout ce beau

passage dans ses Tusculanes (l. I,
c. XLI). Nous donnons cette version
à la fin du volume.

4. Ἢ γὰρ οἷον. Construisez et
suppléez ainsi : Ἢ γὰρ τὸ τεθνάναι
ἐστὶ τοιοῦτον, οἷον (ou ὥστε) τὸν
τεθνεῶτα εἶναι μηδέν, ou mourir
est comme si le mort n'était rien.
— Ἢ κατὰ τὰ λεγόμενα, ou,
comme l'on dit, c'est le départ de
l'âme pour un autre lieu.

5. Τοῦ τόπου τοῦ ἐνθένδε, la
phrase pleine et régulière serait :
Μετοίκησις ἐκ τοῦ τόπου τοῦ
ἐνθάδε εἰς ἄλλον τόπον. C'est donc
comme s'il y avait : μετοίκησις
ἐνθένδε εἰς ἄλλον τόπον. En grec
il y a souvent échange entre les

δὴ[1] μηδεμία αἴσθησίς ἐστιν, ἀλλ' οἷον ὕπνος, ἐπειδάν
τις καθεύδων μηδ' ὄναρ μηδὲν ὁρᾷ, θαυμάσιον κέρδος ἂν
εἴη ὁ θάνατος. Ἐγὼ γὰρ ἂν οἶμαι[2], εἴ τινα ἐκλεξάμενον
δέοι[3] ταύτην τὴν νύκτα, ἐν ᾗ οὕτω κατέδαρθεν, ὥστε
μηδ' ὄναρ ἰδεῖν, καὶ τὰς ἄλλας νύκτας τε καὶ ἡμέρας,
τὰς τοῦ βίου τοῦ ἑαυτοῦ ἀντιπαραθέντα ταύτῃ τῇ
νυκτί, δέοι σκεψάμενον[4] εἰπεῖν πόσας ἄμεινον καὶ ἥδιον
ἡμέρας καὶ νύκτας ταύτης τῆς νυκτὸς βεβίωκεν ἐν τῷ
ἑαυτοῦ βίῳ, οἶμαι ἂν μὴ ὅτι ἰδιώτην τινὰ[5], ἀλλὰ τὸν
μέγαν βασιλέα εὐαριθμήτους[6] ἂν εὑρεῖν αὐτὸν ταύτας
πρὸς τὰς ἄλλας ἡμέρας καὶ νύκτας. Εἰ οὖν τοιοῦτον ὁ
θάνατός ἐστι, κέρδος ἔγωγε λέγω · καὶ γὰρ οὐδὲν πλείων
ὁ πᾶς χρόνος φαίνεται οὕτω δὴ εἶναι ἢ μία νύξ.

Εἰ δ' αὖ[7] οἷον ἀποδημῆσαί ἐστιν ὁ θάνατος ἐνθένδε
εἰς ἄλλον τόπον, καὶ ἀληθῆ ἐστι τὰ λεγόμενα, ὡς ἄρα
ἐκεῖ εἰσὶν ἅπαντες οἱ τεθνεῶτες, τί μεῖζον ἀγαθὸν[8]

---

adverbes de lieu par syllepse, comme
ici, ou par attraction. (*Synt.*, 179,
261.)

1. Εἴτε δή, il *reprend* la première partie de son dilemme. —
Κέρδος ἂν εἴη ὁ θάνατος, *lucrum
esset mors.* Ce n'est pas juste. Car
l'anéantissement est un mal que
nous craignons plus que toutes les
peines ordinaires de la vie. Nul argument ne saurait prévaloir contre
ce sentiment de la nature.

2. Οἶμαι. Cette phrase longue et
chargée d'incidentes est cependant
fort claire, parce que l'auteur a soin
de répéter d'abord δέοι, et ensuite
οἶμαι qui est le verbe principal.

3. Εἴ τινα δέοι. Construisez :
Ἐγὼ γὰρ οἶμαι, εἴ τινα δέοι
εἰπεῖν πόσας ἡμέρας βεβίωκεν
ἥδιον ταύτης τῆς νυκτός, αὐτὸν

ἂν εὑρεῖν ταύτας εὖ ἀριθμήτους.
*Existimo enim, si quis dicere com-
pelleretur quot dies hac nocte beatius vixisset, fore ut ille admodum
paucas inveniret.*

4. Δέοι σκεψάμενον, c'est une
reprise, comme s'il y avait : Εἰ δέοι
οὖν, *si inquam oporteret.*

5. Μὴ ὅτι ἰδιώτην, je *ne dis pas
un individu ordinaire*, un *homme
du commun.* (*Synt.*, 335.)

6. Εὐαριθμήτους, il *trouverait
ces jours faciles à compter*, *peu nom-
breux.* Sophisme : cela revient à dire
que le néant vaut mieux que l'être.

7. Εἰ δ' αὖ, *si autem rursus.* C'est
la seconde supposition, si la mort
n'est qu'une migration de l'âme.

8. Τί μεῖζον ἀγαθόν. C'est vrai
pour le juste; ce qui n'empêche
pas les saints de trembler.

τούτου εἴη ἂν, ὦ ἄνδρες δικασταί; εἰ γάρ τις, ἀφι-
κόμενος εἰς ῞Αδου, ἀπαλλαγεὶς τουτωνὶ τῶν φασκόντων
δικαστῶν εἶναι, εὑρήσει τοὺς ὡς ἀληθῶς δικαστὰς[1],
οἵπερ καὶ λέγονται ἐκεῖ δικάζειν, Μίνως[2] τε καὶ ῾Ρα-
δάμανθυς, καὶ Αἰακὸς, καὶ Τριπτόλεμος[3], καὶ ἄλλοι,
ὅσοι τῶν ἡμιθέων δίκαιοι ἐγένοντο ἐν τῷ ἑαυτῶν βίῳ, ἆρα
φαύλη ἂν εἴη ἡ ἀποδημία; ἢ αὖ Ὀρφεῖ[4] ξυγγενέσθαι,
καὶ Μουσαίῳ[5], καὶ ῾Ησιόδῳ[6], καὶ ῾Ομήρῳ[7], ἐπὶ πόσῳ
ἄν τις δέξαιτ᾽ ἂν ὑμῶν; Ἐγὼ μὲν γὰρ πολλάκις ἐθέλω
τεθνάναι, εἰ ταῦτ᾽ ἐστὶν ἀληθῆ, ἐπεὶ ἔμοιγε καὶ αὐτῷ
θαυμαστὴ ἂν εἴη ἡ διατριβὴ αὐτόθι, ὁπότε ἐντύχοιμι
Παλαμήδει[8], καὶ Αἴαντι τῷ Τελαμῶνος[9], καὶ εἴ τις

1. S'il faut subir un jugement
après la mort, Socrate est-il bien
sûr qu'il sera trouvé juste? Lui qui
a tant examiné les autres, n'a-t-il,
dans toute sa vie, rien fait contre sa
conscience?

2. Minos fut le législateur des
Crétois. Il gouverna son peuple avec
tant de justice, qu'il fut, selon les
poètes, établi juge suprême des Enfers. Il avait pour assesseurs Éaque,
roi d'Égine, et Rhadamanthe, son
propre frère. Celui-ci était un prince
si sage, que, pour exprimer un jugement juste quoique sévère, on disait : « un jugement de Rhadamanthe. »

3. Triptolème, d'Éleusis en Attique, instruit pas Cérès, apprit aux
Athéniens l'agriculture et leur don-
na des lois.

4. Orphée, poète, musicien et
prêtre, civilisa les Thraces. On le
regarde comme le père de la théo-
logie de la Grèce.

5. Musée, poète, fils ou disciple
d'Orphée ou de Linus, vivait environ 1200 ans av. J.-C.

6. Hésiode, d'Ascrée en Béotie.
Nous avons de lui trois poèmes :
les Travaux et les Jours, la Théo-
gonie et le Bouclier d'Hercule. Ses
vers sont pleins de grâce et d'har-
monie. On croit qu'il vivait au
Xᵉ siècle av. J.-C., en même temps
qu'Homère.

7. Homère, auteur de deux
poèmes épiques l'Iliade et l'Odyssée.
L'Iliade surtout fait l'admiration
du monde et n'a pas encore été
égalée. Cette œuvre, qui date de
trois mille ans, est un argument
contre le progrès de l'esprit humain.

8. Palamède, roi d'Eubée, fut,
après Ulysse, le plus ingénieux des
chefs grecs qui combattirent devant Troie. Ulysse, pour se venger
de ce qu'il l'avait amené malgré
lui au siège de Troie, cacha perfi-
dement dans la tente de Palamède
une somme d'or; puis il l'accusa
d'avoir reçu de Priam des présents
pour trahir les Grecs. On trouva
l'or dans la tente de Palamède, et
l'infortuné prince fut lapidé.

9. Ajax, fils de Télamon, roi de

ἄλλος τῶν παλαιῶν διὰ κρίσιν ἄδικον τέθνηκεν· ἀντι-
παραβάλλοντι τὰ ἐμαυτοῦ πάθη πρὸς τὰ ἐκείνων, ὡς
ἐγῷμαι, οὐκ ἂν ἀηδὲς εἴη· καὶ δὴ καὶ τὸ μέγιστον,
τοὺς ἐκεῖ ἐξετάζοντα καὶ ἐρευνῶντα [1], ὥσπερ τοὺς ἐνταῦθα, διάγειν, τίς αὐτῶν σοφός ἐστι, καὶ τίς οἴεται
μὲν, ἔστι δ᾽ οὔ. Ἐπὶ πόσῳ δ᾽ ἄν τις, ὦ ἄνδρες δικασταί, δέξαιτο ἐξετάσαι τὸν ἐπὶ Τροίαν ἀγαγόντα [2] τὴν
πολλὴν στρατιὰν, ἢ Ὀδυσσέα, ἢ Σίσυφον, ἢ ἄλλους
μυρίους ἄν τις εἴποι, καὶ ἄνδρας καὶ γυναῖκας; οἷς
ἐκεῖ διαλέγεσθαι, καὶ ξυνεῖναι, καὶ ἐξετάζειν, ἀμήχανον
ἂν εἴη εὐδαιμονίας πάντως [3]. Οὐ δήπου τούτου γε ἕνεκα [4]
οἱ ἐκεῖ ἀποκτείνουσι. Τά τε γὰρ ἄλλα [5] εὐδαιμονέ-

Salamine, était, après Achille, le plus brave des Grecs. Après la mort de ce héros, Ajax et Ulysse se disputèrent ses armes. Les Grecs prononcèrent en faveur d'Ulysse. Ajax en ressentit une si violente douleur, qu'il tomba dans un violent délire et se perça de son épée.

1. Ἐρευνῶντα, idée singulière. Le plus grand bonheur que se promet Socrate dans l'autre vie, c'est de continuer de disputer avec les morts pour examiner et confondre ceux d'entre eux qui se croient sages.

2. Τὸν ἐπὶ Τροίαν ἀγαγόντα, celui qui conduisit l'armée grecque devant Troie est Agamemnon, fils d'Atrée et roi d'Argos. — Ulysse, fils de Laerte, roi d'Ithaque, le plus rusé des Grecs. Homère dit de lui : ὃ κέρδιστος γένετ᾽ ἀνδρῶν. (Il., VI, 153.) — Sisyphe, fils d'Eole, prince célèbre par ses fourberies. Il est condamné dans les enfers à rouler au haut d'une montagne un énorme rocher, qui re-

tombe toujours.

3. Ἀμήχανον εὐδαιμονίας πάν-τως, ce serait prodigieux et inexprimable de bonheur. Le rapport sous lequel on considère une chose se met au génitif en sous-entendant περί. (Synt., 159.) On voit que Socrate a grande envie d'aller argumenter avec tous ces hommes illustres. — Οἷς διαλέγεσθαι καὶ ἐξετάζειν, et non pas καὶ οὓς ἐξετάζειν. Les Grecs ne répètent pas le pronom conjonctif même avec une syntaxe différente. (Synt., 92.)

4. Τούτου γε ἕνεκα, ceux qui habitent les enfers ne tuent pas pour cette raison, pour avoir examiné si les hommes sont sages.

5. Τά τε ἄλλα καὶ, entre autres causes pour lesquelles ceux qui habitent les enfers sont plus heureux que les habitants de la terre, c'est qu'ils sont désormais immortels. (Synt., 333.)

στεροί εἰσιν οἱ ἐκεῖ τῶν ἐνθάδε, καὶ ἤδη τὸν λοιπὸν χρόνον ἀθάνατοί εἰσιν, εἴπερ γε τὰ λεγόμενα ἀληθῆ ἐστιν[1].

CHAPITRE XXXIII

Ἀλλὰ καὶ ὑμᾶς χρὴ, ὦ ἄνδρες δικασταί[2], εὐέλπιδας εἶναι πρὸς τὸν θάνατον, καὶ ἕν τι τοῦτο διανοεῖσθαι ἀληθὲς, ὅτι οὐκ ἔστιν ἀνδρὶ ἀγαθῷ κακὸν οὐδὲν[3], οὔτε ζῶντι, οὔτε τελευτήσαντι, οὐδὲ ἀμελεῖται ὑπὸ Θεῶν τὰ τούτου πράγματα[4]· οὐδὲ τὰ ἐμὰ νῦν ἀπὸ τοῦ αὐτο-μάτου[5] γέγονεν, ἀλλά μοι δῆλόν ἐστι τοῦτο, ὅτι ἤδη τεθνάναι καὶ ἀπηλλάχθαι πραγμάτων[6] βέλτιον ἦν μοι. Διὰ τοῦτο καὶ ἐμὲ οὐδαμοῦ ἀπέτρεψε τὸ σημεῖον, καὶ ἔγωγε τοῖς καταψηφισμένοις μου καὶ τοῖς κατηγόροις οὐ πάνυ χαλεπαίνω[7]. Καί τοι οὐ ταύτῃ τῇ διανοίᾳ

---

1. Εἴπερ γε τὰ λεγόμενα ἀληθῆ ἐστιν. Réflexion triste. Voilà donc où se réduit toute la science du plus sage des Grecs! Il va mourir, et il ignore ce qu'il va devenir. Cette autre vie qu'il espère ne lui est pas assurée, et depuis Socrate, la philosophie humaine n'a pas fait un pas. Rien ne prouve mieux la nécessité d'une révélation.

2. Ὦ ἄνδρες δικασταί, il parle aux juges qui l'ont absous.

3. Οὐκ ἔστιν ἀνδρὶ ἀγαθῷ κακὸν οὐδέν. C'est une pensée chrétienne, il n'y a point de mal pur pour l'homme vertueux; car tous les maux de la vie peuvent tourner à son bien : diligentibus Deum omnia cooperantur in bonum. (Rom., VIII, 28.)

4. Οὐδὲ ἀμελεῖται ὑπὸ θεῶν, belle affirmation de la Providence divine. — Note t.

5. Ἀπὸ τοῦ αὐτομάτου, par le hasard, sans l'intervention divine.

6. Ἀπηλλάχθαι πραγμάτων, être débarrassé des affaires de la vie.

7. Τοῖς καταψηφισαμένοις μου οὐ χαλεπαίνω. Beau sentiment dans un païen. — Note u.

κατεψηφίζοντό μου, καὶ κατηγόρουν, ἀλλ᾽ οἰόμενοι
βλάπτειν· τοῦτο αὐτοῖς ἄξιον μέμφεσθαι [1].

Τοσόνδε μέντοι αὐτῶν δέομαι· τοὺς υἱεῖς μου, ἐπειδὰν ἡβήσωσι, τιμωρήσασθε, ὦ ἄνδρες, ταὐτὰ ταῦτα
λυποῦντες, ἅπερ ἐγὼ ὑμᾶς ἐλύπουν, ἐὰν ὑμῖν δοκῶσιν
ἢ χρημάτων ἢ ἄλλου του πρότερον ἐπιμελεῖσθαι ἢ ἀρετῆς,
καὶ ἐὰν δοκῶσί τι εἶναι, μηδὲν ὄντες, ὀνειδίζετε αὐτοῖς,
ὥσπερ ἐγὼ ὑμῖν, ὅτι οὐκ ἐπιμελοῦνται ὧν δεῖ, καὶ οἴονταί
τι εἶναι, ὄντες οὐδενὸς ἄξιοι. Καὶ ἐὰν ταῦτα ποιῆτε, δίκαια πεπονθὼς ἐγὼ ἔσομαι ὑφ᾽ ὑμῶν, αὐτός τε καὶ οἱ υἱεῖς [2].

Ἀλλὰ γὰρ ἤδη ὥρα ἀπιέναι [3], ἐμοὶ μὲν ἀποθανου-
μένῳ, ὑμῖν δὲ βιωσομένοις. Ὁπότεροι δὲ ἡμῶν ἔρχονται
ἐπὶ ἄμεινον πρᾶγμα, ἄδηλον παντί, πλὴν ἢ τῷ θεῷ [4].

---

1. Τοῦτο αὐτοῖς ἄξιον μέμφεσθαι, *dignum est illud eis vitio vertere.*

2. Δίκαια πεπονθὼς ἐγὼ ἔσομαι, si les Athéniens se conduisent ainsi à l'égard de ses fils, Socrate et ses fils seront alors traités par eux avec justice. Aucun des trois fils de Socrate ne se montra digne de son père.

3. Ἀλλὰ γὰρ ἤδη ὥρα ἀπιέναι. Comme cette pensée finale si calme et si simple est touchante!

4. Ἄδηλον παντί, πλὴν ἢ τῷ θεῷ. Grâce à Dieu, l'espérance du chrétien est plus heureuse et plus ferme que celle de Socrate.

Xénophon nous a aussi laissé une *Apologie* de Socrate. C'est un écrit bref, simple, serré, plein de raison. Il présente lui-même la dé-fense de son maître, il le justifie bien, et il explique sa fierté devant ses juges par la résolution qu'il avait prise de mourir. Le philo-sophe croyait avoir assez vécu : la mort le délivrait des infirmités de la vieillesse. Il ne quitte point la vie par un suicide, mais il accepte la ciguë que lui présente la haine de ses accusateurs. « J'aime mieux mourir, dit-il, que de mendier le reste d'une vie qui serait pire que la mort. » Mais n'eût-il pas été plus sage de parler avec une noble modestie? Elle l'aurait fait acquit-ter par ses juges et l'eût conservé à sa femme et à ses jeunes enfants, qui avaient tant besoin de ses le-çons. Nous croyons, après avoir lu Platon et Xénophon, que Socrate a montré dans sa défense plus d'or-gueil que de véritable philosophie.

FIN

JUGEMENT

Le style de l'*Apologie* est excellent, mais c'est le principal mérite. Platon reproduit à peu près le discours que Socrate prononça devant ces juges. Nul doute que s'il eût voulu défendre lui-même son maître, il n'eût fait un ouvrage meilleur.

Quand on a lu ce discours, on est moins surpris de la sentence. Les juges de Socrate, au nombre de cinq cent cinquante-six, étaient pour la plupart des gens du peuple et des hommes de peu de lumières. Qu'attendre d'une multitude, lorsqu'on s'applique à l'irriter?

On dit que Socrate montre de la grandeur en méprisant la mort. Sans doute, mais encore faudrait-il que ce courage eût un noble motif, comme celui de Régulus, de Léonidas ou de nos martyrs. Socrate meurt, non pour affirmer une grande vérité ou pour soutenir une haute doctrine philosophique, mais parce qu'il prétend qu'un dieu l'a chargé de montrer à ceux qui se croient sages, qu'ils ne le sont pas. C'est pourquoi, négligeant ses propres affaires, il a passé sa vie à confondre les plus illustres des Athéniens, et il déclare qu'il continuera, jusqu'à son dernier soupir, de remplir cette mission singulière, qui lui a fait tant d'ennemis.

Malgré ces paroles choquantes, peu s'en fallut qu'il ne fût renvoyé absous, trois voix de plus en sa faveur l'auraient fait acquitter.

On le laisse libre de choisir lui-même sa peine. Il pouvait s'exiler à quelques lieues d'Athènes, à Mégare, où tous ses disciples l'auraient suivi. Il pouvait même fixer une modique amende que ses disciples s'offraient à payer. Socrate se condamne fièrement à être nourri le reste de ses jours dans le Prytanée aux frais de la république.

Cette arrogance révolta les juges. Quatre-vingts de ceux qui l'avaient d'abord acquitté, se joignirent aux autres pour prononcer la sentence de mort.

Il se consola en pensant qu'il irait dans les enfers continuer à disputer sur la sagesse avec les ombres.

Le jugement que nous portons sur cet ouvrage n'est point nouveau. « Comme plaidoyer, comme défense régulière, dit M. Cousin, on ne peut nier que l'*Apologie* de Socrate ne soit très faible. »

EXTRAIT DES TUSCULANES

« Magna me, inquit (Socrates), spes tenet, judices, bene mihi evenire quod mittar ad mortem. Necesse est enim sit alterum de duobus : ut aut sensus omnino omnes mors auferat, aut in alium quemdam locum ex his locis morte migretur. Quamobrem, sive sensus extinguitur, morsque ei somno similis est qui nonnunquam, etiam sine visis somniorum, placatissimam quietem affert, dii boni! quid lucri est mori? aut quam multi dies reperiri possunt qui tali nocti anteponantur; cui si similis futura est perpetuitas omnis consequentis temporis, quis me beatior? Sin vera sunt quæ dicuntur, migrationem esse mortem in eas oras quas qui e vita excesserunt incolunt, id multo jam beatius est te, quum ab iis qui se judicum numero haberi velint evaseris, ad eos venire qui vere judices appellantur, Minoem, Rhadamantum, Æacum, Triptolemum; convenireque eos qui juste et cum fide vixerint.

« Hæc peregrinatio mediocris vobis videri potest? Ut vero colloqui cum Orpheo, Musæo, Homero, Hesiodo liceat, quanti tandem æstimatis? Equidem sæpe emori, si

fieri posset, vellem, ut ea quæ dico mihi liceret invenire.
Quanta autem delectatione afficerer, quum Palamedem,
quum Ajacem, quum alios judicio iniquo circumventos
invenirem? Tentarem etiam summi regis qui maximas
copias duxit ad Trojam, et Ulyssi Sisyphique prudentiam;
nec ob eam rem, quum hæc exquirerem, sicut hic facie-
bam, capite damnarer.

« Ne vos quidem, judices, ii qui me absolvistis, mortem timueritis. Nec enim cuiquam bono mali quidquam
evenire potest, nec vivo nec mortuo; nec unquam ejus
res a diis immortalibus negligentur. Nec mihi ipsi hoc
accidit fortuito. Nec vero ego iis a quibus accusatus sum
aut a quibus condemnatus, habeo quod succenseam, nisi
quod mihi nocere se crediderunt. »

Et quidem hæc hoc modo. Nihil autem melius extremo :
« Sed tempus est, inquit, jam hinc abire, ut moriar, vos,
ut vitam agatis. Utrum autem sit melius dii immortales
sciunt : hominem quidem scire arbitror neminem. »

Cicer. Tuscul., l. I, c. XLI.

NOTES SUPPLÉMENTAIRES

C. I

P. 7. — Note *a*. Οὐδὲ γὰρ ἂν πρέποι. Platon, en commençant cette phrase, la pensait ainsi : Οὐδὲ γὰρ ἂν πρέποι τῇδε τῇ ἡλικίᾳ με πλάττοντα λόγους εἰς ὑμᾶς εἰσιέναι. Mais après τῇδε τῇ ἡλικίᾳ, il a intercalé la parenthèse ὥσπερ μειρακίῳ πλάττοντι λόγους, puis il a de nouveau joint, par la pensée, πλάττοντι λόγους à ἐμοὶ sous-entendu. La phrase complète serait donc : οὐδ' ἂν πρέποι τῇδε τῇ ἡλικίᾳ, ὥσπερ μειρακίῳ πλάττοντι λόγους, πλάττοντι λόγους ἐμοὶ εἰσιέναι εἰς ὑμᾶς. Ainsi πρέποι a un double régime indirect, τῇδε τῇ ἡλικίᾳ et ἐμοὶ sous-entendu. Chez Platon, l'anacoluthe est fréquente après une parenthèse.

C. II

P. 10. — Note *b*. Des éditions modernes donnent : Ἀνάγκη... σκιαμαχεῖν ἀπολογούμενόν τε καὶ ἐλέγχοντα. L'anacoluthe se trouve ainsi supprimée, et la phrase est régulière. Mais l'anacoluthe est si familière à Platon, que probablement cette correction change son texte. Selon l'édition ancienne que nous conservons, Socrate, après avoir prononcé ἀπολογούμενόν τε, fait une pause légère, puis achève sa phrase en joignant καὶ ἐλέγχειν à ἀνάγκη.

C. III

P. 12. — Note *c*. Ἀδικεῖ καὶ περιεργάζεται. On peut traduire ces deux verbes, comme s'il y avait ἀδικῶς περιεργάζεται, *Socrates injustam exercet curiositatem*. Mais l'on peut aussi considérer ἀδικεῖ comme exprimant la proposition principale : « Socrate est coupable. » Car il se livre à une curiosité criminelle, περιεργάζεται, et cela de trois manières exprimées par les trois participes ζητῶν τὰ ὑπὸ γῆς, ποιῶν λόγον, et διδάσκων ἄλλους. Cette seconde interprétation nous paraît la meilleure.

C. IV

P. 14. — Note *d*. Οἱός τ' ἐστιν. Des éditions modernes suppriment οἱός τ' ἐστιν. Assurément cette suppression rend la syntaxe plus régulière. On ne trouverait pas une aussi forte anacoluthe dans Isocrate, Démosthène, Eschine et les autres orateurs. Mais il ne faut pas oublier que Platon cherche à imiter l'abandon familier avec lequel conversait Socrate. Peut-être même reproduit-il textuellement quelques-unes de ses phrases qu'il avait entendues et retenues. Nous croyons donc que la vieille leçon est la bonne, et nous la conservons.

C. VI

P. 19. — Note *e*. Ἔπειτα μόγις πάνυ ἐπὶ ζήτησιν αὐτοῦ τοιαύτην τινὰ ἐτραπόμην. *Deinde vix omnino* (ou *vix ac vix*) *ad talem quamdam inquisitionem de oraculo me converti*.

C. X

P. 26. — Note *f*. Οἱ νέοι μοι ἐπακολουθοῦντες. Des éditions récentes corrigent cette leçon pour nous offrir une syntaxe qui semble plus régulière. Elles donnent οἱ νέοι οἵ μοι ἐπακολου-θοῦντες. Mais d'abord ces quatre οι, οι, οι, οι, présentent un son peu harmonieux. En outre, au lieu de rendre : « les jeunes gens qui m'accompagnent, » ne pourrait-on pas traduire ainsi : « Les jeunes gens, en m'accompagnant spontanément (jeunes gens qui ont du loisir et qui sont riches), trouvent du plaisir à entendre examiner les hommes, et souvent ils m'imitent eux-mêmes? » Socrate, présentant sa pensée de cette façon, pouvait omettre οἱ devant ἐπακολουθοῦντες. Il faut observer que l'adjectif αὐτόματοι se joint à ἐπακολουθοῦντες, *sequendo me sponte*, et que les mots οἱς μάλιστα σχολή ἐστιν, οἱ τῶν πλουσιωτάτων, forment une parenthèse.

P. 28. — Note *g*. Ὑμᾶς οὔτε μέγα οὔτε σμικρὸν ἀποκρυψά-μενος ἐγὼ λέγω. Remarquez le double accusatif avec ἀποκρύπ-τομαι, celui de la personne et celui de la chose. (*Synt.*, 93.)

C. XIII

P. 34. — Note *h*. Ὥστε τοῦτο τὸ τοσοῦτον κακὸν ἑκὼν ποιῶ, *ita ut hoc tantum malum volens faciam*. Plus bas : ὥστε σύ γε ψεύδει, *ita ut mentiaris.* Et p. 71, ὥστε ζητεῖτε, *ita ut quæratis.* On met l'indicatif avec ὥστε pour exprimer un fait certain. Sophocle a dit de même : Τόσονδ' ἔχεις τόλμης, ὥστε τὰς ἐμὰς στέγας ἵκου; *tanta ne est audaciâ tua, ut meas in ædes veneris?* (Œd., t. 533.)

C. XIV

P. 37. — Note i. Ἄπιστος εἶ, *incredibilis es; c'est-à-dire, incredibilia dicis, non tantum aliis hominibus, sed, ut mihi videtur, etiam tibi ipsi,* καὶ σαυτῷ.

C. XVII

P. 45. — Note j. Δοκεῖν γὰρ εἰδέναι ἐστὶν ἃ οὐκ οἶδεν. La phrase complète serait : Τὸ γὰρ δεδιέναι θάνατόν ἐστι δοκεῖν εἰδέναι ἃ οὐκ οἶδέ τις. *Nam timere mortem est videri scire quæ nemo scit, quum nemo sciat quid sit mors.* Les Grecs expriment quelquefois notre pronom « on » par la troisième personne du verbe au singulier en sous-entendant τις; comme les Latins rendent le même pronom par la troisième personne du verbe au pluriel en sous-entendant *homines.* Souvent ils disent φησίν, au lieu de φησί τις.

C. XVIII

P. 49. — Note k. Μέλλω γὰρ ἄττα ἐρεῖν ὑμῖν καὶ ἄλλα, ἐφ' οἷς ἴσως βοήσεσθε, *dicam etiam vobis et alia quædam propter quæ forsan clamabitis.* Ἄττα καὶ ἄλλα est la même chose que καὶ ἄλλα τινά.

P. 50. — Note l. Ὅτι δ' ἐγὼ τυγχάνω ὢν τοιοῦτος οἷος ὑπὸ τοῦ θεοῦ τῇ πόλει δεδόσθαι, ἐνθένδε ἂν κατανοήσαιτε. *Potestis ex eo intelligere me esse talem ut a deo civilitati tributus fuisse videar, quod ego tot annos omnia mea neglexerim, vestro semper intentus bono.* Construisez : ἐνθένδε ἂν κατανοήσαιτε ὅτι.

C. XIX

P. 52. — Note m. Οὐ γὰρ ἔστιν ὅστις ἀνθρώπων σωθήσεται. Les deux οὔτε qui suivent s'expliquent ainsi : οὔτε σωθήσεται ἐναντιούμενος ὑμῖν, οὔτε σωθήσεται ἐναντιούμενος ἄλλῳ πλήθει οὐδενί.

C. XX

P. 54. — Note *n*. Ὤμην μᾶλλόν με δεῖν διακινδυνεύειν. Voilà une belle action et un noble caractère.

C. XXII

P. 59. — Note *o*. Ὦν τινα ἔχρην... παρασχέσθαι Μέλητον μάρτυρα. Le sujet de παρασχέσθαι est Μέλητον, et μάρτυρα en est le régime. *Ex quibus aliquem debebat Meletus testem producere.*

C. XXIII

P. 62. — Note *p*. Οἱ διαφέροντες εἰς ἀρετήν. On vient de voir, avec le datif, διαφέρειν τινὶ, *excellere aliqua re;* διαφέρειν σοφίᾳ, *excellere sapientia.* Maintenant, au lieu du datif, l'auteur met l'accusatif avec εἰς : οἱ διαφέροντες Ἀθηναίων εἰς ἀρέτην, *ii qui inter Athenienses virtute præstant.*

C. XXV

P. 65. — Note *q*. Τὸ μὴ ἀγανακτεῖν ἐπὶ τούτῳ τῷ γεγονότι, ἄλλα τε πολλὰ ξυμβάλλεται, καὶ οὐκ ἀνέλπιστόν μοι γέγονε τὸ γεγονὸς τοῦτο. *Et alia multa conferunt ut non graviter feram illud quod evenit, et illud imprimis* QUOD *non præter opinionem meam id accidit.* Pour que la phrase fût régulière, il faudrait καὶ ὅτι οὐκ ἀνέλπιστόν μοι γέγονε.

C. XXVII

P. 70. — Note *r*. Ἕλωμαί τι ὦν εὖ οἶδα ὅτι κακῶν ὄντων; τούτου τιμησάμενος; Cette phrase, dont la syntaxe est très irrégulière, peut s'expliquer ainsi : ἕλωμαί τι τούτων ἅπερ εὖ οἶδα ὅτι κακά ἐστι, τιμησάμενος τούτου μοι;

P. 71. — Note *s*. Οὗτοι ἐμὲ αὐτοὶ ἐξελῶσιν, « ils me chasseront eux-mêmes. » Ce raisonnement est peu clair. Comment des jeunes gens qui désirent connaitre la doctrine de Socrate, comme font ceux d'Athènes, le chasseront-ils, si par prudence il s'abstient de conférer avec eux? Il semble que le texte est altéré? Au lieu de οὗτοι, *illi*, ne pourrait-on point écrire οὗτοι, *non sane?* On aurait alors cette phrase : « Si j'écarte ces jeunes gens par prudence, si je m'abstiens de leur exposer mes principes sur la sagesse, sans doute ils ne m'expulseront pas eux-mêmes, et ils n'iront pas trouver leurs concitoyens plus âgés pour les presser de me bannir. Mais si je ne refuse pas de converser avec eux, leurs pères et leurs amis me chasseront à cause de l'enseignement que je leur donnerai. » Le mot οὗτοι (qui ressemble à οὗτοι étant écrit en lettres onciales : OYTOI) mot parfaitement grec et familier à Platon nous paraîtrait donner à cette phrase un sens plus satisfaisant.

C. XXXIII

P. 84. — Note *t.* Διὰ τοῦτο καὶ ἐμὲ οὐδαμοῦ ἀπέτρεψε τὸ σημεῖον. Cette phrase rappelle le passage analogue qui termine le ch. XXI. Des éditions nouvelles la suppriment, parce que c'est une répétition. Mais est-ce qu'on évite de se répéter dans la conversation? Pour bien apprécier cette *Apologie*, il ne faut pas la considérer comme un ouvrage de Platon seul, mais aussi comme la défense de Socrate présentée par Socrate dans le style de la conversation.

P. 84. — Note *u.* Οὐ ταύτῃ τῇ διανοίᾳ κατεψηφίσαντό μου. *Non illud cogitantes, scilicet non quia existimabant mihi melius esse mori, me ad mortem mittebant.*

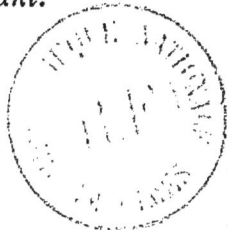

FIN

24737. — Tours, impr. Mame.

CLASSE DE SECONDE

24787. — Tours, impr. Mame.

www.ingramcontent.com/pod-product-compliance
Lightning Source LLC
Chambersburg PA
CBHW052137090426
42741CB00009B/2125